経済復活

金融政策の失敗から学ぶ

嘉悦大学教授
高橋洋一

BUNGEISHA

はじめに

2010年、「世界2位の経済大国」だった日本が中国に抜かれて、43年ぶりに「第3位」の座に転がり落ちたことは、誰もが鮮明に覚えているはずだ。

だが、あれから2年が過ぎて、日本と中国との経済規模の差がいかに広がっているのかを認識している人は少ないに違いない。


2012年の中国の名目GDP（国内総生産）は約8・35兆ドル。対する日本の名目GDPは、この本を書いている時点では公式発表されていないが、およそ5兆ドル強だ。2010年時点ではわずかにすぎなかった中国との経済規模の差が、たった2年で約1・6倍まで開いてしまった。

中国が、あまりにも猛烈なスピードで成長を遂げているからだという人もいるかもしれない。だが、日本がバブル崩壊後の「失われた20年」の間に、いつの間にか成長する力を失い、成長への自信すらなくしてしまったことの方が、より大きな問題なのだ。

日本では長らくゼロ成長が続いているが、そんな国は世界中探してもどこにもない。データを入手可能な152ヵ国のなかで、2000年から2008年までの年平均名目GDP成長率が3％を下回った国はたったの3ヵ国。日本はそのなかでも最下位である。日本にいると、世界の国々も日本と同じように低成長なのだろうと思い込みがちだが、視野狭窄《しやきょうさく》であるというほかない。

世界から見ると、成長がほとんどストップしてしまった日本の方が異常なのである。

では、なぜ日本は成長できない国になってしまったのか？

ひと言でいえば、たび重なる政策の失敗と、官僚たちの誤った対応が日本という国を駄目にしてしまったのである。

世間的には、「失われた20年」がバブル崩壊の後遺症であるかのように思われているが、それは真実ではない。

むしろ、バブル崩壊を経験して、羹《あつもの》に懲りた政府と日本銀行（日銀）が、行き過ぎた金融引き締めを繰り広げてきたことが日本経済の復活を妨げたのである。

じつは「失われた20年」の間には、日本経済を再生させるいくつかのチャンスがあった。ところが日銀は、経済がようやく回復しそうなタイミングになると、まるで固まっていないかさぶたを引き剥がすかのように、ゼロ金利や量的緩和を解除した。バブルが再び発生することを恐れて、少しでも景気に過熱の気配が表れると冷水を浴びせてきたのである。

経済成長が停滞すれば、政府に入ってくる税収も少なくなる。一方で、高齢化の進展は待ったなしだ。当然、膨張する年金など社会保障給付費が負担しきれなくなり「国の借金」が増える。日銀のたび重なる金融政策の失敗こそが、２０１２年末時点で１０００兆円以上と気の遠くなるような「国の借金」を抱えることになった大きな原因だといえる。

また、国の金庫を預かる財務省は、経済が成長して金利が上がると、借金の利払費が増え、財政がますます苦しくなるという論理をかざして、日本の経済成長を抑え込んできた。「低成長で税収が減った分は、消費税率を引き上げて補填すればいい」と政治家たちに吹き込み、税率は3％から5％に、そして2015年には10％まで引き上げられることが決まってしまった。

経済が伸びない状況で消費税率を上げるのは、愚策であるというほかはない。消費が落ち込んで、経済がさらに低迷し、法人税や個人所得税などの税収がますます減少するという悪循環を招きかねないからだ。

適切な金融政策によって経済を成長させていれば、企業や個人の所得は増え、株価は上がり、「国の借金」も減らせるという好循環が実現するはずだった。それをむしろ負のスパイラルに追い込んでしまったのは、無能な政治家や日銀総裁、そして、自分たちの利益にしか関心のない官僚たちの責任である。

このように、今日の日本経済の危機的状況は、政府や日銀、官僚たちの失敗に次ぐ失敗の連続によってもたらされたものだ。

はじめに

「歴史は鏡」というが、これまでの失敗を振り返れば、なにをどうすれば日本経済を復活させることができるのかを学ぶこともできるはずである。

そこで本書では、バブル崩壊から民主党前政権に至る「失われた20年」の経済政策や金融政策の歴史を振り返り、どこに問題があったのか、いかに対処すべきだったのかを徹底検証してみることにした。

バブル崩壊から不良債権問題、消費税、ゼロ金利解除、郵政民営化、リーマン・ショック、事業仕分け、新成長戦略など、この20年間に起こった主要な問題をワンテーマずつ取り上げて、わかりやすく解説したつもりだ。

２０１２年12月に第２次安倍晋三政権が発足し、デフレ脱却に本腰を入れて取り組むことを高らかに表明しているが、ぜひ本書で洗い出した過去の問題点を反面教師として、今度こそ日本経済をしっかりと回復させてもらいたいものである。

もくじ

第三章 かすかな希望と官僚組織の逆襲……103

日本経済没落の20年

序章

2012－2013年、日本の大問題

「超円高」為替介入で約40兆円も損をした民主党政権

◆安倍首相の金融緩和政策は赤字家電メーカーを救う?

約3年3ヵ月ぶりとなる自公連立政権の誕生によって、民主党政権時代に一時は1ドル76円台まで進んだ「超円高」が急速に反転した。

2012年11月14日、民主党の野田佳彦前首相が自民党の安倍晋三総裁に「解散・総選挙」を約束した途端に、ドル円相場は前日の79円台から80円台に急落。衆院選で自民党が大勝し、第2次安倍内閣が誕生した12月26日には85円、2013年1月17日には90円となった。わずか2ヵ月余りで11円もの円安が進んだのである。公約どおり安倍首相が積極的な金融緩和政策を推進すれば、円安はさらに進む可能性がある。

わたしは以前から、日本経済を苦しめている「超円高」の根本原因は、ドルの供給量に対して、円の供給量が圧倒的に不足していることにあると指摘してきた。

２００８年のリーマン・ショック以来、ＦＲＢ（米連邦準備制度理事会）が景気テコ入れのために積極的な金融緩和を行い、ドルの供給量が急増しているのに対し、日銀の緩和策が相対的に不十分であったことから、結果的にドルに対する円の価値が上がってしまった。これが、「超円高」を招いた本質的な原因だ。

現在、ドルの全供給量が約2兆ドルであるのに対し、円の供給量は約１４０兆円。単純に割れば1ドル当たり70円（１４０兆円÷2兆ドル）という計算になる。この先、さらに円安を進行させたければ、安倍首相の働きかけのもとで日銀が積極的に円を刷ればいい。あと60兆円刷るだけで、たちまち1ドル１００円（２００兆円÷2兆ドル）だ。80円台から１００円台まで円安が進めば、自動車や家電など輸出企業の収益は2割ほど拡大し、赤字に苦しんでいる大手家電メーカーも救われるかもしれない。

円高の解消には円の供給量を増やすのが唯一の道であるにもかかわらず、民主党政権は「為替介入」というその場しのぎの愚策で円高を是正しようと繰り返してきた。それによって過去4〜5年間に失われた国の損失は約40兆円。東日本大震災の復興費用19兆円の2倍以上だ。無駄な為替介入をしなければ、復興増税をする必要もなかったのだ。

「復興増税」

「将来世代にツケを回すな」は間違い

◆震災を経験した世代だけが負担するのは不公平である

死者・行方不明者合わせて約2万人と、未曽有の大災害となった2011年3月11日の東日本大震災。早くも約半年後の11月には、増税措置によって復興費用を工面する復興財源確保法が成立した。この法律によって、所得税については2013年1月から25年間にわたり納税額に2・1%が上乗せされ、個人住民税については年収に関係なく向こう10年間、一律年間1000円が増税されることになった。

被災者への同情心から、「多少の負担はやむを得ない」と思っている国民も多いようだが、果たして増税は正しい選択だったのだろうか？

結論からいえば、復興費用を一時的な増税で賄おうとしたのは大きな間違いだ。

今回の震災は「100年に一度」のショックと呼ばれているが、そうであるなら、震災を直接経験したわれわれだけでなく、子や孫などの将来世代も含め、100年がかりで均等に費用を負担する仕組みを考えるべきであった。

これは「課税の平準化」といって、経済学ではごく当たり前の理論だ。

100年に一度の出来事へのお金を25年で工面すれば、その間に生きる世代だけが将来世代のために過分な課税負担を負わされることになる。しかもそれによって消費が伸び悩み、経済が落ち込めば、そのしわ寄せは将来世代にも及ぶ。本来であれば、負担をできるだけ広く薄くして、世代間の不公平をなくすべきなのである。

復興増税を国に提唱した経済学者は、「将来世代にツケを回すな」といっていたが、一部の世代だけが負担を強いられると、むしろその歪みが将来世代の経済にも悪影響を及ぼしかねないことを見落としている。

そもそも深刻な災害や飢饉などが起こったときには、国民を思いやって、増税どころか、むしろ税の取り立てを見送るのが為政者のあるべき姿ではないか。仁徳天皇（257~399年）が、「民のかまどより煙が立ち上らないのは、貧しくて炊くものがないからではないか」といって、3年間、税を免除したという逸話もある。

「TPP」「合コン」と同じで、早く参加した者の勝ち

◆交渉はあくまで交渉、イヤなら加盟しなければいい

景気回復への期待に支えられて発足した安倍新政権だが、TPP（環太平洋パートナーシップ協定）への加盟交渉については、民主党よりも慎重な姿勢を取っているようだ。しかし、態度をうやむやにしていては日本が不利になるだけである。最終的に加盟するかどうかは後々考えるとして、まずは交渉のテーブルに着くべきだろう。

多国間交渉は「合コン」と同じである、というのがわたしの持論だ。

合コンは早く参加した者の勝ち。遅れて行くと、すでに盛り上がっている場の空気に溶け込みにくく、目ぼしい人はほかの誰かに心を奪われてしまっていることが多い。

同じように多国間交渉も、遅れて参加すればするほど不利になる。できるだけ早く参加して主導権を握り、有利な交渉成果を引き出せるようにすることが大切だ。

自民党は政権公約で「聖域なき関税撤廃を前提にする限り交渉参加に反対」としているが、そもそもＴＰＰが参加国のすべてに聖域を認めない協定であれば、最初から交渉の余地などない。それぞれの参加国が、自分の国に有利な聖域を設けたいと考えているからこそ交渉が行われるのであるから、自民党の言い分は論理的に考えておかしいのだ。

また、なぜか「いったん交渉に参加したら、必ず加盟に追い込まれる」と考えている人もいるようだが、合コンでカップルになっても、必ず結婚するとは限らないように、交渉に参加したからといって絶対に加盟しなければならないわけではない。「入るか、入らないか」の最終決断は、自分たちの国で決められるのである。

まだ本交渉にも入っていないので、ＴＰＰが最終的にどのような中身になるのか、海のものとも山のものともわからないが、一般論でいえば、ＴＰＰのような自由貿易体制が加盟国の経済にプラスに作用することは明らかだ。日本が加盟した場合、10年後に約３兆円の経済効果が得られるという試算もある。今後交渉の余地はいくらでもあるのに、参加をためらってみすみす利益を得るチャンスを逃すのはもったいないようにも思えるのだが。

「デフレ」雇用を改善するには適度なインフレが不可欠

◆安倍政権が「インフレ目標」にこだわる理由とは？

安倍政権の景気対策の目玉である金融緩和政策は、インフレ目標を２％とし、それを達成するまで日銀が無制限で金融緩和するというものだ。

日銀は２０１３年１月22日、安倍政権との「共同声明」によって２％のインフレ目標を決定したが、実際に２％のインフレ率が達成されれば、雇用環境は大きく改善される可能性がある。

一般にはあまり知られていないようだが、物価と雇用との間には明確な逆相関関係が存在する。物価上昇率が低いほど失業率は上がり、逆に物価上昇率が上がると失業率は下がる傾向にあるのだ。これは、ニュージーランドの経済学者、アルバン・ウィリアム・フィリップスが１９５８年に発見した法則で、いまでは物価と失業率が関係するということは、世界の経済学者や中央銀行関係者にとって常識中の常識である。

現在の日本のようにデフレの状態が続いていると、失業率は改善されない。適度なインフレに誘導することこそが、雇用環境を改善させるための抜本策なのである。

民主党政権時代、失業率が一向に改善されなかったのは、２００８年のリーマン・ショックや２００９年以降の欧州債務危機の影響もあるにはあるが、日銀が本腰を入れてデフレ対策に取り組まなかったことがそもそもの原因だ。

物価をインフレに誘導するには、日銀が国債買いオペなどにより量的緩和を積極的に行って、円を刷ればいい。モノの量に対して円の量が相対的に増えれば、その分、モノの価値が高まるからである。その取り組みが不十分だったせいで、白川方明《まさあき》氏が日銀総裁を務めてきた２００８年４月からの約３年半（約42ヵ月間）、月別で物価が上昇したのは全体の約２割、残りの約８割はデフレという惨たんたる結果であった。

政権交代によって、長く続いた「デフレ不況」時代にピリオドが打てるかどうかは、今後の日銀の取り組みにかかっている。

「成長戦略」

どの分野が成長するかなんて誰にもわからない

◆民主党が掲げた「新成長戦略」のデタラメ

民主党前政権が2010年6月に閣議決定した「新成長戦略」は、当時の菅直人首相が掲げた「強い経済」の実現を目指し、7つの戦略分野をテコ入れすることで、2020年度までの年平均で名目3%、実質2%を上回る経済成長を目標に掲げたものだった。

7つの戦略分野とは、「グリーン・イノベーション」(環境・エネルギー)、「ライフ・イノベーション」(医療・介護・健康)、「アジア経済戦略」、「観光立国・地域活性化戦略」など。これらによって創出される需要は123兆円、雇用は499万人と試算している。

この需要を単純に雇用で割れば、ひとり当たりの〝収入〟は約2500万円にもなる。

「そんなに儲かるのなら、なぜ自分がその業界で働かないのか?」

わたしは、戦略策定に携わった官僚のひとりに、皮肉を込めてそういったものだ。

将来の成長が確信できるのなら、官庁で働くよりも、その業界で働いた方がよっぽど大儲けができるはずだからである。

政府が掲げる成長戦略など、なんの根拠もないデタラメにすぎないということは、この例を見ても明らかだ。

実際、日本政府が過去に成長戦略を掲げて育成を図り、その結果成長を果たすことができた産業はほとんど存在しない。むしろ今日の日本経済を支えているのは、育成の対象外であった自動車産業などである。戦後から高度経済成長期にかけて、大蔵省による「護送船団方式」で守られた金融業界は、むしろ過保護に育てられたことが仇となり、いまだに国際競争で苦しめられている。

そもそも、どの産業が成長するのかなんて、予想することは不可能である。だが、国民に政策の「わかりやすさ」や「派手さ」を訴えたい政府は、成長戦略や産業政策を前面に押し出しがちだ。絵に描いた餅の成長戦略を掲げるよりも、規制緩和や金融緩和を推進して、企業が戦いやすい土俵作りをする方がよっぽど効果的だろう。

「年金問題」
「社会保障と税の一体改革」は正しかったのか？

◆消費税を上げる前にすべきことがある

民主党の野田前政権が出した「社会保障・税一体改革関連法案」が２０１２年８月、自公合意のもとで成立し、消費税率の引き上げが決定されたことはご承知のとおりである。今後、景気回復の兆しが表れれば、同関連法に基づいて２０１４年４月に消費税率が現行の５％から８％に、２０１５年10月には10％に引き上げられることになる。

野田前政権が消費税増税を推し進めた狙いは、将来厳しくなることが予想される基礎年金の国庫負担分を補うことにあった。

基礎年金の原資は、われわれ国民が毎月納めている保険料だけで賄われていると思っている人もいるようだが、そうではない。不足分は国が補っており、２００９年度以降は国庫負担を２分の１以上とすることが恒久化されている。その国庫負担の財源が枯渇しないように、新たな財源として消費税増税を決定したというのが今回の経緯である。

しかし、そもそも年金の原資は、税金ではなく、被保険者（国民）が納める保険料によって全額を確保するのが望ましい。保険料方式であれば、被保険者が保険料をいくら納め、それによって将来の年金がどれだけ受け取れるのかを把握できるからだ。対照的に消費税で年金を賄う場合、被保険者は、将来受け取れる年金の額はわかっても、それを受け取るために、どれだけの税金を納めたのかを正確に把握することはできない。

日々の消費のなかで知らず知らずのうちに税金を取られるので、保険料のように「納めている」感覚がなくなるのも恐ろしいところだ。このように国民の感覚を麻痺させることも、財務省が野田前政権を巧みに操って消費税増税を決定させた大きな狙いである。

基礎年金の国庫負担が増え続けているのは、給付が増加の一途を辿っていることもあるが、保険料の徴収漏れがはなはだしく多いことも原因である。消費税を上げる前に、保険料の取り逃しを解決すべきだろう。そうでなければ、真面目に保険料を納めている人にも、余分な消費税を押し付けられている人にも不公平だ。

「産業の空洞化」
超円高が是正されれば国内回帰が進む！

◆国内雇用を守りたいなら円安への誘導を

国内企業が海外に生産拠点を移転させる、いわゆる「産業の空洞化」の動きに歯止めがかからない。内閣府が２０１２年12月22日に発表したリポートによると、自動車など輸送機械メーカーの設備投資に占める海外比率（２０１２年４〜６月期）は45％と、３年前の30％に比べて大きく拡大した。一般機械や電気機械などを含む製造業全体でも設備投資の海外比率は拡大傾向にあるようだ。

海外に生産拠点が流出すれば、国内雇用の受け皿が減り、国民生活に小さからぬ打撃をもたらすことはいうまでもない。雇用が減るだけでなく、海外で生産される安価な輸入品との価格競争にさらされて国内メーカーの収益が縮小すれば、賃金の引き下げにも結び付いてしまう。

いわずもがなではあるが、産業の空洞化を招いている直接的な原因は円高だ。第1次安倍政権時代（2006年9月〜2007年9月）には1ドル120円台だった円相場が、わずか5年余りで1ドル80円以下にまで上昇した。長引くデフレの影響で日本人の賃金は伸び悩んでいるが、ドル換算ではこの5年間で約1・5倍も伸びているのだ。より賃金の安い中国や東南アジアに生産拠点が流出するのは当然のことである。

円高を是正する以外に、産業の空洞化を食い止める有効な処方箋はない。

そして安倍政権が現在進めている金融緩和政策は、デフレからの脱却だけでなく、円高を是正させる効果も発揮するだろう。近年、中国や東南アジアでは、経済成長に伴って賃金も大きく上昇しており、円安が進むにつれて海外に流出した生産拠点の国内回帰が活発化する可能性もある。

「新成長戦略」のような産業政策は、結果がどうなるのか予想できないが、為替政策なら確実な効果が期待できる。それをあえてやらない手はない。

「所得崩壊」デフレを解消することがなによりの特効薬

◆「デフレスパイラル」を逆回転させれば所得は甦る

バブル崩壊後の「失われた20年」は、国民の所得が減り続けた20年でもあった。

国税庁の「民間給与実態調査」によると、サラリーマンの平均年収は1997年度の467万円をピークとして右肩下がりで減少し、2011年度には409万円まで落ち込んでいる。リーマン・ショック直後の2009年度（406万円）に比べればやや回復したものの、低水準であることに変わりはない。


所得が下がり続けてきた元凶は、デフレである。

デフレが進行すれば、たとえ名目金利がゼロでも実質金利（名目金利－インフレ予想値）が上がるので企業の設備投資は減退する。その結果、企業業績は落ち込み、そのしわ寄せは雇用や賃金に及ぶのだ。そして賃金が伸びなくなれば、消費が低迷するので企業業績はますます落ち込み、賃金はどんどん下がり続ける。これがいわゆる「デフレスパイラル」である。

所得を上げるためには、負の悪循環である「デフレスパイラル」を逆回転させる以外に方法はない。デフレを克服して、適度なインフレに導くことが唯一の解決策だ。

安倍政権が目標に掲げる2％のインフレが実現すれば、実質金利はマイナス2％（名目金利0％－インフレ予想値2％）となるので、設備投資が動き出すはずだ。それによって企業業績が拡大すれば、やがて雇用や賃金にもプラスの影響が出てくるだろう。

ただし、インフレが実現してから、その効果が雇用や賃金に反映されるまでには1～2年のタイムラグがある。その間、途中で政府や日銀がインフレ誘導の手綱を緩めてしまえば、国民が景気回復を実感することなく、再びデフレスパイラルが巻き戻されてしまう懸念もある。実際、日銀はそんな苦い失敗を2006年3月に経験している。詳しくは97ページで言及する。

「公務員制度改革」参院選で自民が勝てば、仕切り直しが始まる？

◆民主党政権によって骨抜きにされた改革

官僚の天下りの斡旋禁止や、幹部官僚の人事を内閣が一元管理することなどを盛り込んだ「公務員制度改革」の関連法案は、第1次安倍晋三内閣（2006年9月〜2007年9月）から福田康夫内閣（2007年9月〜2008年9月）の時代にかけて成立したものだ。

官僚の天下りを放置すれば、その受け皿となる必要性の乏しい特殊法人や独立行政法人などが温存され、無駄な補助金を国庫から支払うことになる。財政赤字を少しでも減らすためにも、天下りを根絶することは不可欠なのだ。

また、幹部官僚の人事を内閣が一元管理できるようになれば、霞が関のお仕着せではなく、首相や各省の大臣が自らの判断で、民間からでも有能な幹部を補佐役として登用できる道が開け、政治主導を実現するための重要な布石となるはずだった。

ところが、政権交代まで「脱官僚」「政治主導」を声高に訴えていた民主党は、2009年9月に政権を握ると、手のひらを返したように「脱官僚」から「官僚依存」へと傾いた。実際に政権を担当してみると、官僚をないがしろにしては、予算も政策立案もなにひとつ前に進まないことを思い知らされたからだ。

官僚に完全に丸め込まれた民主党政権は2010年6月、定年前の官僚が独立行政法人などに出向する「現役出向制度」を認める「退職管理基本方針」を閣議決定。これによって、第1次安倍内閣で実現した天下りの斡旋禁止は事実上、骨抜きにされてしまった。公務員制度改革を推し進めるどころか、むしろ民主党政権の3年3ヵ月の間に改革は大きく後退したのである。

第1次安倍内閣のときに内閣参事官（総理大臣補佐官補）を務めたわたしは、安倍首相が公務員制度改革に強い執念を抱いていることをよく知っている。2013年7月の参院選に自民党が勝利して衆参の〝ねじれ現象〟が解消されれば、安倍首相はその勢いに乗って、骨抜きにされた天下り斡旋禁止の復活に力を注ぐかもしれない。

「道州制」地方分権によって二重行政の無駄をなくす

◆社会インフラの管理は地方に任せよ

２０１２年12月の衆院選で54議席を獲得した「日本維新の会」は、党の綱領である「維新八策」のひとつとして「統治機構の作り直し」を掲げている。その最終形として同党が目指しているのが「道州制」の実現だ。

道州制とは、現在47ある都道府県を廃止して10前後の道や州に再編する構想である。日本維新の会共同代表の橋下徹大阪市長が道州制にこだわっているのは、大阪府知事時代から目指してきた「大阪都構想」の実現の先に道州制があるからだ。ちなみに大阪都構想とは、大阪府と大阪市などを廃止し、新たに大阪都を設置するというもので、府と市がそれぞれかかわってきた水道などの二重行政を解消させる狙いがある。

日本維新の会の狙いはさておき、一般に論議されている道州制においては、地方分権の推進や、国と地方との二重行政の解消などが大きなテーマとなっている。

国に集中しすぎている行政の権限を地方に移管したり、国と地方とが同じ場所で、同じような行政サービスを提供していたりするような無駄を解消することが目的だ。

たとえば、同じ地域を走っている道路でも、国道の管理は国（国土交通省）が、県道の管理は県が行うという非合理的な役割分担が解消されれば、管理コストを大幅に削減できる可能性があるし、道路の整備や管理はすべて地方に任せた方が、その地方のニーズを汲み取りながら、無駄なく合理的に運営できるはずだ。

河川についても、現在は一級河川の管理は主に国が、二級河川は主に都道府県が行っている。増水や氾濫などのトラブルに速やかに対応するには、すべての河川をその地方の自治体が管理した方が望ましい。社会インフラの管理は、国が関与するよりも、それぞれの地方に任せた方が合理的なのだ。

道州制を実現させるにはさまざまな法律を整備する必要があり、相当長い時間を要することになるだろうが、最初のステップとして、道路や河川などの二重行政をなくすことは比較的簡単にできるかもしれない。すでに第1次安倍内閣の地方分権改革推進委員会において、具体的な方向性が打ち出されているからだ。

民主党に政権交代してから棚上げにされてしまったが、第2次安倍内閣の誕生によって、道路と河川管理の地方分権化がいよいよ本格的に動き出す可能性もある。道州制実現に向けての小さな一歩として注目したいところだ。

第一章

狂乱バブル～その崩壊の失敗

日本経済没落の20年

バブル期～1990年代初頭

「失われた20年」の引き金となったバブル崩壊

◆黙っていても就職できたバブル時代

平成生まれの若者が、すでに社会人となっている今日である。バブルをまったく経験したことのない20〜30代はもちろん、どっぷりと経験した40〜50代でも、世のなかが浮かれまくり、誰もが湯水のごとく金を遣いまくっていたあの時代のことを、すっかり忘れ去ってしまっているのではないだろうか。

いまでこそ、まるで夢かまぼろしのように語られるが、日本には「バブル景気」と呼ばれる時期がたしかに存在した。いまからたった20数年前のことだ。

バブル景気の時期については諸説あるが、一般には1987年から1990年までとされている。

この間、不動産価格や株価はぐんぐん上昇。日経平均株価は1万5000円くらいから上昇し、1989年12月29日には歴代最高値の3万8915円を記録している。

一方、マクロ経済はどうだったかといえば、名目経済成長率は5～8％、実質経済成長率は4～5％、失業率は2～2・7％程度、インフレ率は0・5～3・3％と、いまからでは想像できないほど好調であった。

そのおかげで企業は本業以外の不動産投資や株式投資で潤い、個人投資家の懐も豊かになった。にわかリッチになった人々のお金が消費に回って企業業績が拡大。その結果、個人所得も右肩上がりで伸び続けた。給料が上がるからお金を遣い、会社が儲かるからまた給料が上がる。まさに好循環である。

若者たちは目の色を変えてブランドものを買いあさり、高級レストランでの食事や海外旅行、スキーにテニスと遊びまくった。数十万円もするレーザーディスクが飛ぶように売れ、高級外車に乗っていないと、ボディコンを身にまとって夜な夜なディスコで華やかに踊りまくる女性たちから相手にもされなかった。

わたしが大蔵省（現・財務省）に入省したのは、バブル景気に突入する前の1980年のことだが、当時は「就活」などという言葉もなかった。

黙っていても企業から採用情報などのダイレクトメールが山のように届き、ろくに就職活動をしなくても、内定を10社も20社も取れるのが当たり前だった。内定シーズンに学生を無理やり海外旅行に参加させ、他社に奪われないように拘束する企業もあったほどだ。

いまの大学生たちが、必死に頑張っても内定をひとつ取れるか取れないかという厳しい状況に置かれていることを考えると、本当にいい時代だったと思う。

◆大蔵省の「財テク」規制が株価暴落のきっかけに

だが、宴は長くは続かなかった。

当時、国民の誰もが「未来永劫続く」と本気で信じ込んでいたバブル景気は、1990年に入るとあっけなく崩壊する。

1989年末に3万8915円を記録した日経平均は、わずか1年後の1990年末には2万3000円前後まで急落。かつて「山手線内の土地価格で米国全土が買える」といわれたほど高騰していた不動産価格も大幅に下落した。株式投資や不動産投資に明け暮れていた企業と個人は多額の評価損を抱え込み、これが金融機関の不良債権問題を引き起こした。

じつは、バブル崩壊の引き金となった株価暴落のきっかけをつくったのは、なにを隠そう、このわたしである。

1989年12月、大蔵省（現・財務省）は、一部の企業が行き過ぎた「財テク」を行っていることを制限するための通達を出した。詳しい内容は省略するが、この「財テク」は、株式運用で得た含み益をバランスシートに顕在化させることなく、その含み益を元手に新たな株式投資ができるというスキームを持っていた。

要するに、株式投資で儲かっているのに、その事実を公にすることなく、儲けをどんどん株式投資につぎ込める仕組みだ。

このメリットを生かして、一部の企業が株式を回転売買させる行動が過熱し、それが株価の急激な上昇をもたらしていた。当時大蔵省にいたわたしは、そのことに気付き、「放っておけば、株価が上がりすぎて大変なことになる」と思った。そこで、「財テク」を規制する通達を出すことを大蔵省の幹部に進言し、自ら起案にかかわったのだ。

通達を出せばたちまち回転売買が止まり、今度は逆に株価が暴落する可能性があることは十分に予見できた。しかし、仮に通達を出さなくても、行き過ぎた株価はいずれ大きく修正されたはずだ。わたしが手を下さなくても、早晩バブルが崩壊したであろうことは間違いない。しかも、株価が上がれば上がるほど、下がったときの痛手は大きくなる。やるなら、早いうちにやるべきだと判断したのである。

こうして、日経平均は１９８９年末の３万８９１５円をピークに暴落。４年近くにわたって続いたバブルは、ついに崩壊した。

◆世界的に見れば平均的だった日本のバブル

バブル崩壊以来、今日に至るまで、日本は20年以上にもわたってデフレ不況に苦しんでいる。いわゆる「失われた20年」だ。

不況が長期化したせいもあって、国民の間では「バブルの後遺症は非常に長引くものだ」という認識が定着しているようである。それゆえ、「二度とバブルを起こしてはならない」という気持ちも強いようだ。

しかし、日本が「失われた20年」に陥ったのは、本当にバブル崩壊が直接の原因だったのだろうか？

世間一般に語られている通説はつねに疑ってかかるのが、わたしの流儀である。日本の状況だけを見ていては、客観的な分析をすることは不可能だ。こういうときは世界の事例と見比べながら検証をするのが正しい。

まず、日本のバブル崩壊が、世界的に見て、どれほどの規模のものであったのかを客観的なデータで確認してみよう。

世界銀行のリポートによれば、世界では1970年から2007年の間に、124の不良債権問題による銀行危機が発生している。

このリポートでは、日本のバブル崩壊によってもたらされた銀行危機の財政コストはGDP（国内総生産）の14％、生産損失は18％とされているが、世界各国の銀行危機の平均的な財政コストはGDPの13％、生産損失はGDPの20％である。

つまり、日本のバブル崩壊によってもたらされた損失など、世界がこれまでに経験したバブルの損失と比べれば〝平均点レベル〟にすぎないということだ。

後遺症が20年以上も続いていることから、日本のバブル崩壊は世界的に見ても、歴史的に見ても大規模な銀行危機だったのだろうと思い込んでいる人も多いようだが、決してそんなことはない。

むしろ注目すべきは、1970年以降、120以上もの銀行危機が発生しているにもかかわらず、20年以上も後遺症に苦しんでいるのは日本だけだという現実である。

ひとたびバブルが崩壊したら、大胆な金融緩和を実施して物価の下落を食い止め、経済が再び活発に動き始めるようにエンジンをふかすのが、ごく当たり前の対処法である。日本以外の国々の多くは、それを実行することによって銀行危機からわずか1～2年で経済復活を遂げてきた。

ところが日銀は、1989年末から1990年にかけてのバブル崩壊の過程で、3度も公定歩合を引き上げ、金融緩和どころか、一気に金融を引き締めたのだ。じつは、土地・株式の規制だけで十分で、金融引き締めは不必要だった。

その後も日銀は、大胆な金融緩和を打ち出せないまま金融引き締めの状況が20年以上も続いてきた。日銀の間違った金融政策こそが「失われた20年」と呼ばれる長期デフレ不況の根本原因であったと断言していいだろう。

2012年12月に発足した第2次安倍晋三内閣が、積極的な金融緩和によってこれまでの流れを変えることができるかどうか、注目したいところである。

バブル景気のいったいなにが悪いのか?

◆バブルだった事実は、弾けてからようやくわかるもの

わたしの好きな映画のひとつに、馬場康夫監督の『バブルへGO!! タイムマシンはドラム式』がある。現代に生まれたヒロインがバブル時代にタイムスリップし、悪徳官僚の謀略によってバブルが崩壊するのを食い止めようとする内容だが、高級バーやディスコでサラリーマンたちが金を遣いまくり、遊びまくっているのに巻き込まれ、ヒロインが「バブルって最高っ!」と叫びながらはしゃぐ場面が印象的だった。

バブル景気を実際に経験した現在の40~50代なら記憶にあるはずだが、あのころは誰もが「日本の好景気は未来永劫続く」と思い込んでいた。

「不動産価格は永遠に上がり続ける」という土地神話は揺るぎなく、多くのサラリーマンがワンルームマンション投資にお金をつぎ込み、全国各地に建設されたリゾートマンショ

ンが飛ぶように売れた。その後、不動産価格が暴落し、数千万円から数億円単位のローン返済だけが重くのしかかることになるとは、誰も予想していなかったはずだ。

いったんバブルが弾けると、不動産投資や株式投資にのめり込んでいた法人と個人は多額の含み損を抱え込み、投資に充てたお金の返済で首が回らなくなってしまった。

銀行が投資のためのお金を法人や個人に積極的に貸し込んだことも、バブルが大きく膨らんだ原因だ。その多くがバブル崩壊と共に不良債権と化し、金融機関の破綻や巨額の公的資金による救済、あるいは逆に貸し渋り・貸し剥がしなどの問題を招くことになった。

だが、バブルの渦中にいる間は、やがてそうした問題で日本経済が苦しむことになるとイメージできた人は、ほとんどいなかった。

たんに「景気がいい」と感じるだけで、いったん不動産価格や株価が下がったときに、それが経済にどのような衝撃を及ぼすのかまでは思いもつかなかったのだ。

前ＦＲＢ（米連邦準備制度理事会）議長のアラン・グリーンスパン氏は、

「バブルは崩壊して初めてバブルとわかる」

といったとされている。

ただの好景気とバブルとは、それほど見分けがつかないものなのである。

◆バブルの方が失業率は低く、国民は幸せ？

「失われた20年」を経験したせいか、日本人はバブル景気に対して否定的なイメージを抱くようになってしまった。

株式市況が少しでも過熱気味になると、マスコミは「バブル再来か？」という見出しを躍らせ、国民の警戒心を煽る。日銀がこの20年間、積極的な金融緩和に取り組んでこなかったのは、「二度とバブルを起こしてはならない」という過剰な危機意識がブレーキをかけていた側面もあるだろう。

しかし、バブルは本当に悪なのだろうか？

少なくともバブル時代の方が、現在に比べれば格段に景気がよく、雇用も安定していた。先ほども書いたように、バブル景気の1987年から1990年までの名目経済成長率は5～8％、実質経済成長率は4～5％、失業率は2～2・7％である。

対照的に現在の経済状況は、2000年から2011年までの名目成長率がマイナス6％～プラス2・4％、実質成長率がマイナス5・5～プラス4・7％、失業率は3・9～5・4％だ（いずれも年率）。2008年リーマン・ショックの影響で翌2009年に大きなマイナス成長を記録したことは差し引いても、バブル時代に比べて成長率が著しく鈍化していることは明らかである。

経済が好調だから求人が増える。したがってバブル時代の方が失業率は低い。難しい経済理論を用いなくても、ごく当たり前にわかることである。

もちろんバブルが弾ければ、企業が運用損や業績悪化によって苦しみ、雇用は悪化する。

しかし、中央銀行が適切な金融緩和政策を実施してリカバリーすれば、そうした一時的な景気や雇用の悪化は、1~2年もあれば解消されるはずだ。

事後処理さえきちんとすれば、企業や国民が1~2年我慢するだけで、成長率や失業率は元どおりに改善されるのである。

金融緩和によって再びバブルが発生するかもしれないが、それがなんだというのだ。グリーンスパン氏もいっているように、「バブルは崩壊して初めてバブルとわかる」ものだ。バブルの発生を恐れるあまり、中央銀行が景気を上向かせようとする努力を放棄すれば、いつまでたっても低成長が続き、雇用は改善されなくなる。

バブルは二度と起こらなくなったが、デフレの影響で20年以上も就職難と賃金カットが続いているいまの状況がいいのか。

それとも、国民が一時的に苦しむ可能性はあるが、バブルにならないように景気を上向かせようと中央銀行が努力をして、平均すれば高い成長率や低い失業率を実現できるような状況がいいのか。

考え方は十人十色だろうが、わたしは後者の方が明らかに国民の利益に適っていると思う。安定した雇用と所得の確保こそが、国民にとってなにより求められているものだからだ。

「人間の幸福はお金だけでは決まらない」という人もいるかもしれない。

だが、「失われた20年」の間、日本の自殺者数は年間3万人と非常に高い水準で推移してきた。バブル景気のころは年間約2万人である。職やお金がないことの苦しみが、いかに人間を不幸にするものなのかということがわかる。

民主党前政権の藤村修官房長官（当時）は２０１２年1月、２０１１年の自殺者が3万５１３人（速報値、発見日ベースでの確定値では3万６５１人）だったと述べ、経済事情を理由とした自殺が多いとの見方を示し「デフレ下の経済状況を改善しないといけない」と強調したが、まったく正しい認識だ。

かつてのバブル時は、インフレ率も高くなかったのに日銀が不必要な金融引き締めを行って大きな後遺症を残した。事後対応さえうまくやれば、バブルは決して怖いものではない。

不良債権処理の遅れがもたらした銀行危機

◆銀行の安易な貸し付けがそもそもの火種

間違った金融政策によるバブル崩壊をきっかけとして火を噴いたのが、1990年代の不良債権問題である。

日本の地価は、日経平均が最高値を付けた1989年末から1～2年遅れでピークを打ち、その後、大きく下落した。その結果、銀行が融資の担保としていた不動産の担保価値が著しく目減りし、多くの銀行が回収困難な債権（不良債権）を大量に抱え込んでしまったのだ。

巨額の不良債権が膨らんで、バランスシートが著しく悪化した北海道拓殖銀行（拓銀）や日本長期信用銀行（長銀、現・新生銀行）、日本債券信用銀行（日債銀、現・あおぞら銀行）などの大手銀行が、1997年から1998年にかけて次々と破綻。金融不安が広がるのを恐れた当時の小渕恵三内閣（1998年7月～2000年4月）は、銀行救済のために総額60兆円もの公的資金を投入した。

また、破綻こそ免れたものの、不良債権の増加で自己資本不足に陥った銀行は、貸し渋りや貸し剥がしによってバランスシートを正常に戻そうとした。銀行から企業への貸し付けは滞り、資金繰りに苦しむ中小企業が続出。借り入れが困難になったことで企業の設備投資が縮小し、経済成長にも悪影響を及ぼした。

不良債権問題が深刻化したそもそもの原因は、バブル時代に多くの銀行が、甘い審査のもとで安易な貸し付けを行っていたことにあるとされている。

「地価は上がり続ける」という根拠のない見通しをもとに担保価値を上回る金額を貸し付けたり、抵当権の順位がかなり低い不動産を担保に資金を貸したりする銀行もあった。

企業も個人も、目の色を変えて不動産投資にのめり込んでいた時代だから、銀行としては絶好のビジネスチャンスだった。「多少の問題は目をつむって、とにかく審査を通してしまえ」という安易な風潮が蔓延していたことは事実であろう。

のではないかと考えている。

◆大蔵省ですらわからなかった不良債権処理の方法

だが、もちろん貸し付けのあり方にも大いに問題があったとは思うが、わたしはそれ以上に、不良債権が発生した場合への銀行の備えが不十分だったことが問題を深刻化させたのではないかと考えている。

そもそも当時の銀行は、いや銀行ばかりか、監督官庁である大蔵省（現・財務省）ですら、不良債権の適切な処理方法を理解していなかった。バブルが崩壊するまで、日本の金融機関が本格的な不良債権問題を経験したことは一度もなかったからだ。

不良債権をなくすためには、「引当《ひきあて》」という会計上の処理を行うのが基本だ。破綻懸念先や実質破綻先への貸出債権が不良債権化することをあらかじめ想定し、損失の見込額を貸倒引当金として負債計上するというものである。

こうしておけば、仮に貸出債権が不良債権化しても、あらかじめ準備しておいた貸倒引当金を充当すれば、損失を帳消しにできる。事前に引当金を差し引くと銀行の利益は減ってしまうが、これはいわば保険のようなものだ。しかも、うまい具合に不良債権化が回避されれば、引当金は利益として計上することもできる。

不良債権問題への取り組みが早かった米国では、引当など常識中の常識だったが、バブル崩壊直後の日本では、まったくといっていいほど知られていなかった。

当時、大蔵省にいたわたしは、不良債権問題を担当する銀行局の上司に、米国の事例を挙げながら引当について詳しく説明したのだが、ほとんど理解してもらえなかった。理解できないのだから、銀行に対して指導できるはずもない。

ようやくわたしのアドバイスが受け入れられ、大蔵省が「金融機関の不良債権問題についての行政上の指針」という通達を出したのは1994年2月のこと。この通達のなかで、銀行が不良債権化に備えて引当金を積むべきことが初めて明記された。

すでに、住専（住宅金融専門会社）が貸し出していた住宅ローンの焦げ付きが顕在化し、住専に資金を貸していた銀行にも悪影響が及ぶことが懸念されていた時期であったが、この時期に各銀行が通達に従って粛々と引当金を積み上げておけば、後に政府が60兆円もの巨額公的資金を銀行に投入するような事態には至らなかったはずだ。

しかし、この「金融機関の不良債権問題についての行政上の指針」という通達には大きな抜け穴があった。

◆適切に処理すれば60兆円もの公的資金投入は要らなかった

大蔵省はこの通達に関連して、経営再建計画が策定されている破綻懸念先や実質破綻先への債権については、「引当金は不要である」という見解を口頭で伝達したのである。

1998年10月に事実上破綻し、特別公的管理という名目で「一時国有化」された長銀などは、この見解を悪用して、不良債権化がほとんど避けられない破綻懸念先や実質破綻先のために形式的な再建計画書を作成し、引当金を積まなくて済むようにした。

引当金を積めば、その分利益が減って、役員賞与や株主への配当金が支払えなくなる可能性があるからだ。これはなにも長銀だけに限った話ではなく、ほとんどすべての銀行が、配当可能益を確保するために、なるべく引当金を減らそうとしていた。

また、先ほどの通達では、不良債権の処理について「計画的・段階的処理」との方針を掲げており、これも銀行が引当を先延ばしする口実となった。

通達が出された1994年2月の時点では、不良債権処理に必要とみられた引当金の総額はせいぜい数兆円レベルだった。このときに適切な処理が行われていたら、仮にその後、公的資金の投入が必要になったとしても、実際に投入された60兆円の10分の1程度で済んでいたはずである。

ちなみに、大手金融機関（都市銀行・信託銀行・長期信用銀行）は1992年から1997年までの間に、累計2兆円弱の株式配当金や役員賞与を支払っている。これが引当金として積まれていれば、1997年の拓銀破綻に端を発する銀行危機も起こらなかったかもしれない。

監督当局である大蔵省が、引当の先延ばしを容認するような甘い指導をしたこと。そして銀行が、目の前の利益にこだわって、事前に十分なロスカット（引当）をしなかったことが、不良債権の肥大化を招き、銀行危機をもたらしたのである。

現在に至るまで続く赤字国債発行

◆税収が上がらないから赤字が増える

国債と借入金、政府短期証券を合わせた、いわゆる「国の借金」(債務残高)の総額は、2011年度末時点で959兆9503億円。2012年度末に1000兆円の大台を突破することは確実である。

日本のGDP(国内総生産)に対する「国の借金」の比率は214・1%(2012年6月現在)に達し、米国や欧州主要国の水準(80~120%前後)を大きく上回っている。

よくいわれるように、日本が「世界一の借金国」であることは間違いない。

だが、この数字だけを見て、日本の財政状況が米国や欧州主要国に比べて不健全で危険な状況にあるというのは正鵠《せいこく》を射ていない。日本は「世界一の借金国」であると同時に、じつは資産の規模も世界一だからだ。詳しくは158ページで解説する。

もっとも、すぐさま国家破綻などの深刻な事態には至らないにしても、借金が増え続けている状況が望ましくないのは事実である。

なぜ借金が増え続けているのかといえば、それはひとえに税収が不足しているからだ。日本の一般会計税収は、1990年の約60兆円をピークに減少傾向が続いている。2011年度の税収は約43兆円でピーク時の4分の3以下だ。一般歳出は90兆円を超えているのだから、半分以上を赤字国債などの借金で賄わなければならないことは論を待たない。ちなみに税収がピークに達した1990年から1993年までは、税収増のおかげで赤字国債は発行されなかった。

赤字を減らすためには、とにかく景気をよくすることが不可欠なのだ。

これも、バブルと好景気は紙一重であり、「バブルは悪だ」とは絶対にいい切れない理由のひとつである。

1990年代初めに政府が赤字国債を発行せずに済んだのは、バブル景気の恩恵以外のなにものでもないからだ。

◆小渕・麻生両政権で赤字国債の発行額が急増！

そもそも日本の法律では、赤字国債の発行が原則として禁止されていることをご存じだろうか。財政法第4条は「国の歳出は、公債又は借入金以外の歳入を以て、その財源としなければならない」と規定している。

ところが、佐藤栄作政権（1964年11月～1972年7月）発足直後の1965年、それまでの高度経済成長のひずみで深刻な不況が訪れたことから、やむなく特別法を成立させて戦後初の赤字国債を発行した。

その後数年間は経済が比較的好調だったので、税収だけで予算を賄うことができたが、1973年の第1次オイルショックでマイナス成長を経験すると税収は再び落ち込み、1975年から1989年にかけて、毎年、赤字国債が発行された。先ほども述べたように1990年から1993年はバブル景気の影響で赤字国債を発行せずに済んだが、1994年以降、再び毎年発行されるようになり、それが現在まで続いている。

本来なら法律で禁じられているはずの異常事態が、過去50年近くにわたって当たり前のように繰り返され続けたのである。

とくに近年、赤字国債の発行額が大きく膨らんだのは、小渕恵三政権（１９９８年７月～２０００年４月）と麻生太郎政権（２００８年９月～２００９年９月）の時代だ。

小渕政権は、橋本龍太郎前政権（１９９６年１月～１９９８年７月）の緊縮財政のもとで冷え込んだ日本経済を立て直すため、総事業規模17兆円に達する緊急経済対策を実施。さらに、消費や設備投資を刺激するために国・地方合わせて９兆円規模の大型減税を行った。これらの景気刺激策の効果が表れて、実質経済成長率は１９９８年のマイナス２％から１９９９年にはマイナス０・２％、２０００年にはプラス２・２６％と回復したが、一方で国債などの公債発行額は１９９７年の18・５兆円から１９９８年には34兆円と一気に跳ね上がった。

また麻生政権は、発足直前の２００８年９月15日にリーマン・ショックに見舞われ、緊急措置として総額75兆円の大型景気対策を実施した。国民ひとりにつき１万２０００円の定額給付金やエコカー減税、家電エコポイントなどが実施されたことは、いまでも記憶に新しいだろう。この景気刺激策の効果は大したものでなかった。麻生政権時代の2009年の公債発行額は52兆円と、前年の33・2兆円から約1・6倍に膨らんでいる。

◆財政出動に景気浮揚効果はない

このように、赤字国債の発行額が近年大きく膨らんだ原因は、景気を刺激するための大型財政出動であったことがわかる。

しかし、財政出動には一時的に景気を刺激する効果はあっても、景気を本格的に上向かせる効果は期待できない。その理論的根拠となるのが、1999年にノーベル経済学賞を受賞したロバート・マンデルとジョン・マーカス・フレミングによる「マンデル・フレミング理論」だ。

この理論によれば、日本のように為替制度が変動相場制の国では、財政政策に経済を浮揚させる効果はほとんどなく、むしろ金融政策のほうが効果的だとされている。簡単に説明すると、次のような因果関係だ。

公共投資などの財政出動を行うには、国債を発行して市中から資金を集める。すると市中のお金が減るので金利が高くなる。変動相場制のもとでは、金利が高くなるとその国の通貨が上がる。投資家は、できるだけ金利の高い通貨で資産を運用したいと考えるからだ。つまり、日本が財政出動をすると円高が進むことになる。円が高くなれば、日本からの輸出が減って輸入が増える。その結果、公共投資が拡大しても民間経済は落ち込むので、財政出動効果は相殺されてしまう。

これに対し、金融政策（金融緩和）を行って市中のお金を増やすと、金利が下がるので円安になる。その結果、輸出が増えて輸入が減り、経済は好転するのである。

過去の大型公共投資は、その多くが政治家の利権がらみのものであり、実際の経済効果を顧みずに行われてきた経緯がある。無駄な財政出動をせず金融緩和を中心とする経済対策を行っていれば、国の借金を膨らませずに済んだはずなのだが……。

失業率の悪化と貧富の二極化の原因は？

◆失業率を改善させるのは日銀の仕事

日本の失業率は、バブル景気までは3％未満と低水準であったが、1995年に3％を突破し、1998年には4・11％、2001年には5・04％と上昇の一途を辿った。

小泉純一郎政権（2001年4月〜2006年9月）から第1次安倍晋三政権（2006年9月〜2007年9月）、福田康夫政権（2007年9月〜2008年9月）の時代にかけては、小泉構造改革の効果が表れて、過去最悪となった2002年の5・36％から3・83％（2007年）まで改善する。しかし、リーマン・ショックの影響で2008年は3・97％、2009年は5・05％、2010年は5・03％と再び悪化した。

2011年以降、失業率は4％台まで戻しているものの、これは民主党政権（2009年9月〜2012年12月）の手柄というより、その前の麻生太郎政権時代（2008年9月〜2009年9月）の大型景気対策の効果がようやく表れたからであろう。

いずれにせよ、バブル景気以前と比べると、日本の雇用環境は依然厳しい状況にある。景気が上向いているときの方が失業率も改善されやすいのは、すでに何度も解説したとおりだ。バブル景気の時代はいうまでもなく、小泉構造改革が効果を発揮した福田政権までの失業率が前後の時代に比べて著しく低いことがなによりの証拠だろう。

わたしは、小泉政権と第1次安倍政権で経済政策の担当者を務めているが、この間、わたしのアドバイスをもとに日銀が行った積極的な金融緩和策が効果を発揮し、景気を刺激して、失業率を高止まりから脱却させることができたのだと確信している。

失業率を改善させるために唯一有効なのは、金融緩和政策である。

序章でも少し述べたように、雇用と物価との間には明確な逆相関関係が存在する。物価上昇率が上がるほど失業率は下がり、逆に物価上昇率が下がるほど失業率は上がる傾向にある。いいかえれば、金融緩和政策によって物価をインフレに誘導すれば、失業率を下げる効果が期待できるのだ。

つまり、日本の失業率が高止まりしている理由は、これまでの日銀による金融緩和が不十分で、デフレを抜け出せない状況が続いてきたからにほかならない。

物価が上がると失業率が下がるという関係性は、ニュージーランドの経済学者、アルバン・ウィリアム・フィリップスが1958年に発見し、「フィリップス曲線」と呼ばれるグラフでその関係性を説明している（左図参照）。

すでに発見されてから50年以上経過した古典的な理論であり、欧米の経済学者や中央銀行の関係者にとって、物価と失業率の間に関係があることは常識中の常識だ。

だからこそ、FRB（米連邦準備制度理事会）など欧米の中央銀行の多くは、金融政策によって、物価だけでなく雇用状況もコントロールする責任を負っている。

FRBは2012年12月12日、失業率が6・5％を下回るまで、実質ゼロ金利政策を続けるという数値目標の導入を決定しているが、こうした目標を掲げるのも、FRBが失業率に責任を負う立場にあることを自覚しているからだ。

フィリップス曲線（概念図）

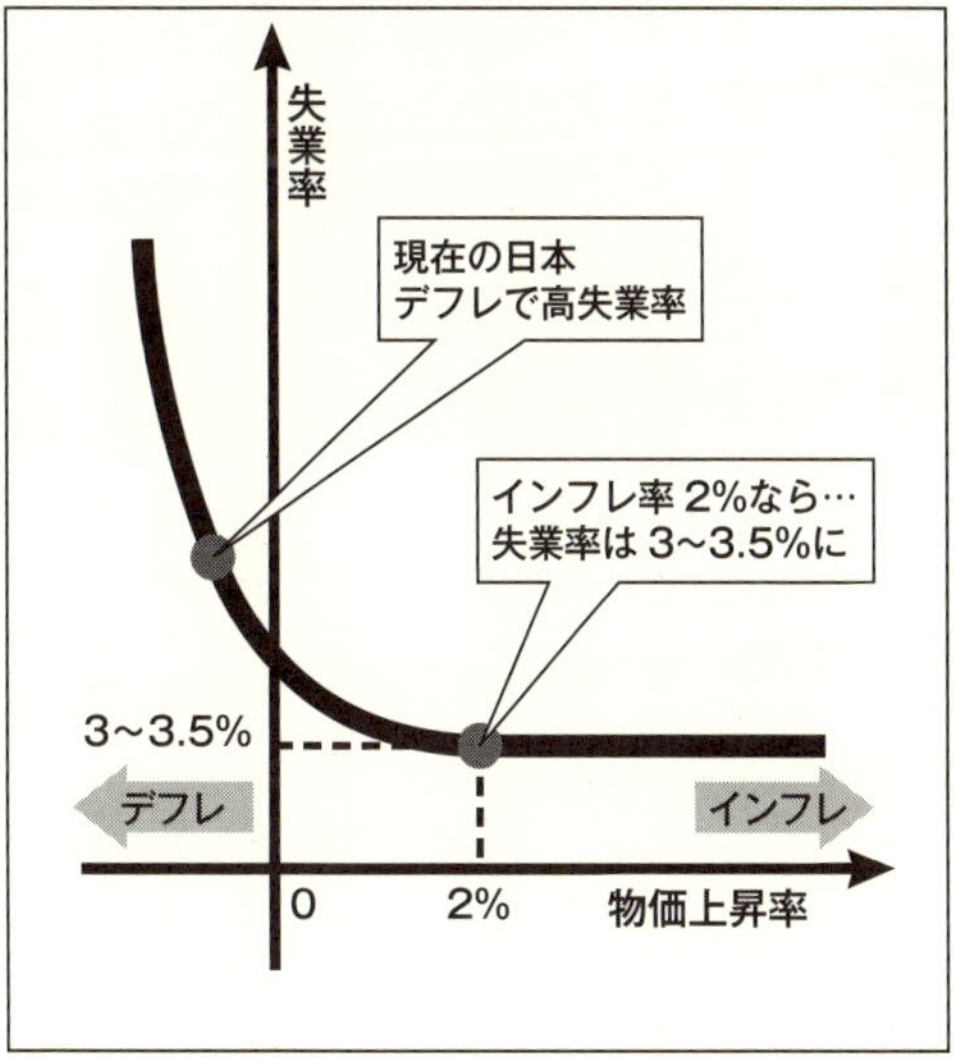

これに対し日銀は、物価と失業率には関係がないという立場を取っており、雇用環境を改善させる目的で金融緩和を行ったことは一度もない。

日本では、失業率を改善させるのは厚生労働省の仕事であるかのように思われがちだ。しかし、実際に厚労省が行っているのは、本来なら失業しているはずの労働者を抱える企業のために雇用調整助成金を支払い、助成金を受け取っている企業の労働者は失業していないという名目で失業率を引き下げるといった筋違いばかりである。

お金をばら撒いてごまかすだけでは、問題を抜本的に解決することはできない。本気で失業率を下げたければ、日銀がより積極的な金融緩和に取り組む以外に方法はない。

実際、米国はＦＲＢが大胆な量的金融緩和を推進したことによって、失業率がリーマン・ショック後の９％台から直近は７・７％（２０１２年11月）まで改善している。

今後、日銀が第２次安倍政権の意向に従って積極的な金融緩和を実施すれば、すぐさま効果は表れないにしても、１～２年後にはかなり失業率が下がるはずだ。

日本の場合、先ほどのフィリップス曲線に当てはめれば、安倍首相が掲げる２％のインフレ目標を達成できると、失業率は3～3・5％程度に改善されるはずである。

◆「小泉改革で格差拡大」は事実ではなかった

失業率の悪化と共に、国民生活に悪影響を及ぼす問題として注目度が高いのが「貧富の二極化」、すなわち所得格差の問題である。

過去の例でいえば、小泉純一郎政権による構造改革が日本の所得格差を助長したという意見もあった。2004年の派遣法改正によって非正規雇用者が急増したことなどが原因と見る人が多かったようだ。政権獲得前の民主党は、「小泉改革が格差を拡大させた」などと激しく糾弾した。

しかし、実際のデータを見ると、小泉政権時代の所得格差は広がるどころか、むしろ縮小していることがわかった。

所得格差の大きさは、ジニ係数と呼ばれる指標で見ることができる。ジニ係数は0～1で示され、数値が0に近いほど所得格差が小さいことを表す。日本のジニ係数は厚労省がおよそ3年に1度の周期で発表しているのだが、最新の2008年調査（2010年発表）

は0・3758で、前回調査（2005年）の0・3873よりも改善されていた。小泉政権の経済政策の成果が表れた証拠だ。

指標が発表されるまで3年以上のタイムラグが生じるので、民主党の鳩山由紀夫政権（2009年9月〜2010年6月）までは小泉批判を繰り返したものだが、改善された結果が発表された菅直人政権（2010年6月〜2011年9月）になると、批判はぴたりと止まった。格差が広がるどころか、むしろ縮まっていたのが明らかになったのだから、さぞやバツが悪かったことであろう。

たしかに非正規雇用者数は拡大したが、経済政策によって経済は好調だったので、税や社会保障による所得再分配も進み、結果として格差が是正されたのである。

当時、小泉政権内部で経済政策作りに携わっていたわたしは、野党やメディアの批判をよそに、「経済のパイが大きくなれば、再分配効果によって格差は縮小する」と考えていた。成果を示すデータが出るまでは多少不安だったが、実際にそのとおりになった。

構造改革や規制緩和をやりながらも、適切な経済対策を行って経済のパイを増やせば、結果的には不平等を減らし、国民全体の生活底上げする効果が期待できるのだ。

第二章

日本経済没落の20年
〝政治〟イニシアティブ霧散と経済無策

1990年代〜2000年代初頭

消費税増税が国民にもたらしたものとは？

◆消費税率を上げても税収が増えるとは限らない

日本で最初に消費税が導入されたのは竹下登政権（1987年11月〜1989年6月）の1989年4月1日。当初の税率は3％であった。

その後、自社さ（自民党・社会党・新党さきがけ）連立による村山富市政権（1994年6月〜1996年1月）時代の1994年9月に地方消費税の導入と消費税等の税率引き上げ（計5％）が決定され、橋本龍太郎政権（1996年1月〜1998年7月）時代の1997年4月1日から実施された。

以来、15年以上にわたって「5％消費税」が続いてきたわけだが、野田佳彦前政権（2011年9月〜2012年12月）が2012年8月、自公（自民党・公明党）との3党合意のもとで「社会保障・税一体改革関連法案」を成立させ、早ければ2014年4月に消費税率が現行の5％から8％に、2015年10月には10％に引き上げられる公算が大きくなった。

すでに東日本大震災の復興費用などに充てる復興税が2013年1月から導入されており、これに消費税増税が加われば、家計の負担はますます重くなる。消費が冷え込んで需給ギャップがさらに広がり、第2次安倍政権が推し進めようとしている景気拡大策の足かせとなる可能性も否定はできない。

消費税増税について、わたしは一貫して反対の立場を取ってきた。税率を上げなくても、税収を増やし、財政収支を改善させる方法はあるからだ。

そもそも、増税が税収増に結び付くという発想自体がナンセンスである。実際、消費税率が3％から5％に引き上げられた1997年から2003年にかけて、一般会計税収は53・9兆円から43・3兆円まで10兆円以上も減少している。消費税増税だけが原因とはいえないが、少なくとも税収増の効果が期待できなかったことは明白だ。

税収が増加に転じたのは、小泉純一郎政権（2001年4月～2006年9月）の

2004年のこと。以来、リーマン・ショック前年の2007年まで、一般会計税収は45・6兆円から51兆円まで伸びている。これは小泉構造改革などによって86ヵ月間という戦後最長の「いざなぎ超え（いざなみ）景気」が訪れた時代だ。

消費税率を上げなくても、景気を上向かせれば、おのずと税収は増えるのである。小泉政権時代には、税収増の効果が表れて、プライマリーバランス（基礎的財政収支）が黒字化する一歩手前まで行ったこともある。「国の借金」を減らすためにも、消費税増税よりは景気回復に取り組むことの方が正解だといえる。

◆消費増税の本当の狙いは、財務官僚が私腹を肥やすことにある

じつは、歴代政権が消費税増税をいい続けてきたのは、財務省がそれを強く求めてきたからである。

消費税を初めて導入した竹下政権も、税率を5％に引き上げた村山政権も、そして「社会保障と税の一体改革」の名のもとに消費税率10％への道筋を開いた野田前政権も、それを実施しなければ、「財政赤字が膨らんで、将来世代の負担が重くなる」という財務省の言い分に丸め込まれてきたのだ。

実際には、消費税率を引き上げたところで、税収が増えて財政収支が改善されるとは限らない。むしろ、ますます財政赤字が拡大する公算の方が大きい。

もちろん優秀な財務省官僚たちは、そうした先行きをちゃんと予見している。にもかかわらず、政治家たちに消費税増税を押し通させようとしているのは、官僚が自分たちの利権を確保したいからにほかならない。

たとえば、消費税率が現行の5％から10％に引き上げられれば、軽減税率の問題が俎上に載せられることになる。軽減税率とは、生活必需品など一部の製品やサービスについて、特例的に10％以下の消費税を適用したり、税率をゼロにしたりするものだ。

実際、日本よりも付加価値税（消費税に相当）の税率が高い欧州では、新聞や医薬品、食料などについて軽減税率を適用している国が多い。

どの製品やサービスに軽減税率を適用するのかは、これから決められることになるが、自分たちの製品やサービスに適用してほしいという業界団体からの申し入れが財務省に殺到することになるだろう。そこに財務官僚らの求める利権が生まれるのである。

財政再建など二の次の財務官僚たちによって消費税増税が無理やり推し進められ、彼らの懐を膨らませる代わりに、国民生活がますます苦しくなる構図が透けて見えてくる。

◆増税する前に〝天下り先〟を減らせ

わたしは、なにも頭ごなしに消費税増税を否定しているわけではない。「国の借金」が膨らみ続けている状況を改善しなければならないのは当然のことであり、財政赤字を解消するには適切なタイミングで増税を実施することが不可欠だ。

しかし、今回はあまりにもタイミングが悪い。

本来、消費税増税は景気がよいときに実施されるべきものである。20年近くもデフレが続いている状況のままで消費税率を引き上げるのは、とても正気の沙汰ではない。

過去の例を振り返れば、竹下政権が1989年4月に消費税を導入したのは絶妙のタイミングであったといえよう。日本経済がバブル景気の真っ只中にあり、増税のマイナス効果を吸収できる余裕があったからだ。

だが、村山政権が消費税率5%を決めた1994年は、日本経済がバブル崩壊で下り坂に転げ落ち、経済成長に陰りが見え始めていた時代であった。消費税増税よりも先に、景気をテコ入れして税収増を図るべきだったのである。

おそらく財務官僚たちは、政権担当経験が皆無に等しい社会党の党首が総理になったタイミングを見計らい、ドサクサに紛れる格好で消費税増税を無理やり押し通してしまったのだろう。野田前政権による今回の消費税増税の決断も、政権担当経験のない野田氏に財務官僚が付け入り、懐柔された結果なのではないかと想像している。

本腰を入れて財政赤字を解消させたいのなら、消費税率を上げる前にやるべきことがある。無駄な支出を減らすこともそのひとつだ。

じつは、国の歳出には、官僚たちの〝天下り先〟である特殊法人や独立行政法人などへの補助金が多く含まれている。それらの天下り先を民営化するだけでも、財政収支は大幅に改善され、民間に売却して得た利益で借金を減らすこともできるのだ。そこに手を付けずに消費税増税だけを実施するのは、いかにも国民を愚弄した取り組みではないだろうか。

アジア通貨危機が日本経済に与えた影響は？

◆東南アジアや韓国の通貨が大暴落する異常事態に

アジア通貨危機とは、1997年から1998年にかけて、タイをはじめとする東南アジアの国々や韓国を襲った連鎖的かつ急激な通貨の暴落現象である。

その発端は1997年7月、ヘッジファンドなどの国際投機筋がタイの通貨・バーツを投げ売りしたことに始まる。バーツが実力に比べて高値で取引されていたことに目を付けて、売り浴びせを仕掛け、暴落したところで買い戻して利ザヤを稼ごうとしたのだ。

タイ中央銀行は、外貨準備を切り崩してバーツを買い支えようとしたが、売り浴びの勢いはあまりにも激しく、下落圧力を食い止めることはできなかった。結局、タイ当局は、それまでドル相場とペッグ（釘付け）されていたバーツ価格を支え切れなくなり、やむなく固定相場制から変動相場制に移行する。

ドルとの釘付けが外れた途端、バーツ価格は滑り落ちるように暴落し、アジア通貨危機直前の1ドル24・5バーツから、半年後の1998年1月には56バーツと半値以下に下がった。現地ではこのバーツ暴落事件を、タイの名物料理の名を取って「トムヤムクン危機」と呼んでいる。

タイを発火点とする通貨危機は、その後たちまち東南アジア全体に燃え広がった。マレーシアやインドネシア、フィリピンでも、国際投機筋によって通貨が売り浴びせられ、危機前に比べて通貨の価値が50％近く減価した。

また、当時、大手鉄鋼会社や自動車メーカー、コングロマリットなどが相次いで倒産し、不良債権問題が顕在化していた韓国の通貨・ウォンも投機売りのターゲットとなり、やはり50％近く暴落した。

結局、韓国は国家破綻寸前の状況まで追い込まれ、1997年12月、ＩＭＦ（国際通貨基金）と世界銀行、アジア開発銀行から救済融資を仰がざるを得なくなった。

アジア通貨危機が起こったそもそもの原因は、当時、東南アジアのほとんどの国が、自国通貨とドルをペッグする固定相場制を採用していたことにあるとされている。

ドルペッグによって通貨が比較的安定していたことに加え、金利を高めに誘導することで外国資本の流入を促し、蓄積された資本をもとに輸出を拡大させるのが、1980年代から1990年代にかけての東南アジアの国々の一般的な成長モデルだったのだ。

しかし、1990年代も後半に入ると、東南アジアよりも賃金の安い中国が「世界の工場」として台頭し、外国資本による生産拠点の中国シフトが加速する。その結果、相対的に東南アジアの成長鈍化が顕著になっていった。

さらに、1995年以降の米国では、クリントン政権（1993年1月~2001年1月）下における景気回復と共に経常赤字減らしのための「強いドル政策」が推進された。ドルに連動して高めに推移する東南アジア通貨と、弱体化する実体経済との間のかい離が広がり、国際投機筋はそこに付け込んで通貨の投げ売りを仕掛けたのだという。

◆アジア通貨危機は日本経済にダメージを与えたのか？

日本の政治家や経済学者のなかには、アジア通貨危機は日本経済にも深刻な打撃を与えたという見方を示す人が多いようだ。日本が長期デフレ不況、あるいは「失われた20年」に陥った原因のひとつとして、アジア通貨危機の影響を挙げる識者もいる。

だが、それは果たして本当に正しい評価だろうか。

アジア通貨危機が起こった1997年ごろを境に、日本経済の悪化に拍車が掛かったことは事実である。

実質経済成長率は1997年の1・6％から1998年にはマイナス2％まで大きく落ち込み、一般会計税収は53・9兆円から49・4兆円に減少した。その後、小泉構造改革の効果が表れ始める2004年まで税収は減り続けている。

しかし、その本質的な原因は、アジア通貨危機当時の橋本龍太郎政権（1996年1月～1998年7月）が緊縮財政に踏み切ったことや、1997年4月に消費税率が3％から5％に引き上げられたことにあるのは疑う余地もない。

そこに、たまたまアジア通貨危機が発生したものだから、まるでそれが「失われた20年」を招いた元凶のように語られてしまっているだけにすぎないのだ。

また、1997年から1998年にかけては、北海道拓殖銀行（拓銀）、山一證券、日本長期信用銀行（長銀、現・新生銀行）、日本債券信用銀行（日債銀、現・あおぞら銀行）

などが経営破綻や自主廃業に追い込まれている。

これらについても、たまたまアジア通貨危機と時期が重なっていることで、東南アジア向け融資の焦げ付きが引き金となっているように思われているフシがあるが、そうではない。もちろん、影響が皆無であったとはいえないが、本質的には50ページでも解説したように、バブル崩壊後の不良債権処理を適切に行ってこなかった報いが、偶然このタイミングで訪れただけのことなのだ。

◆日本が今後、通貨危機にさらされる可能性は？

同じ時期に複数の出来事が発生すると、つい、それぞれを関連付けて考えたくなる人が多いようだが、なんの根拠もなく結び付けるのは科学的な態度とはいい難い。

こういうときは、ほかの国々の事例と比較しながら物事を検証するのが、正しい方法だ。

アジア通貨危機で被害を受けた国々はその後、通貨安の恩恵によって輸出が拡大し、経済もV字回復を果たした。通貨危機によって苦しんだのはせいぜい1～2年のことで、タイや韓国はその後、急速な経済成長を遂げている。

これに対し日本は、通貨の投げ売りなどの直接的な被害を受けていないにもかかわらず、アジア通貨危機から15年経っても経済が回復していないのだ。このことからも、アジア通貨危機と日本経済の長期低迷に直接の因果関係がないことは明白であろう。

ちなみに今後、円が投げ売りされ、日本が通貨危機にさらされる危険があるかと問われることもあるが、それは、どれくらい円安が進めば通貨危機とみなすのかにもよる。

仮に十分な金融緩和が実施されることなく、1ドル40～50円台まで円高が進行すれば、一気に100円前後まで反落する可能性がないとはいえない。そうなれば、円は50％ほど減価することになるが、果たして100円に下がったことが通貨危機といえるかどうかである。少なくとも日本のGDP（国内総生産）に占める貿易の割合は2割程度と低いので、貿易依存度が高い韓国のように、通貨が暴落してたちまち国家破綻に追い込まれるような危険性は低いだろう。

ハゲタカファンドによって日本は不毛の地になったか？

◆破綻した長銀や「シーガイア」を次々と食い物に？

1998年の日本長期信用銀行（長銀、現・新生銀行）の経営破綻をきっかけに、マスコミを賑わすようになった言葉がある。〝ハゲタカファンド〟だ。

破綻した長銀は一時国有化され、およそ8兆円もの巨額公的資金を注入して再生を図ったものの、結局息を吹き返すことができず、2000年3月、米投資会社リップルウッド・ホールディングスに売却された。

リップルウッドが長銀買収に投じた額はわずか10億円。国民の血税から8兆円もの巨額資金が投入されたにもかかわらず、得体の知れない外資にスズメの涙のような金額で買い叩かれたと当時のマスコミは激しく糾弾した。

リップルウッドは、外国（主に米国）の機関投資家や富裕層などから集めた約

1200億円の資金でファンドを組成し、これを元手に長銀の株式を保有。株式の価値を高めるためドラスティックな事業再生に取り組む。

具体的には名称を新生銀行に改め、従来の産業金融から個人向け金融サービスを中心とするビジネスモデルに大転換を図った。新生銀行は2004年に株式再上場を果たし、経営体制やビジネスモデルの変革が市場に評価されて株価を高めた結果、リップルウッドは保有株の売却によって総額5400億円もの売却益を手にする。投資家から集めた1200億円の元手から、じつに4・5倍ものリターンを生んだ計算である。

まるで死肉に群がるハゲタカのように、瀕死の企業を安く買い叩き、いいようにむさぼり尽くして巨額の利益を得ている印象があることから、ハゲタカファンドと呼ばれるようになったようだ。

長銀への投資が成功したことを受けて、リップルウッドは宮崎市の大型リゾート施設「シーガイア」を運営するフェニックスリゾート、レコード会社の日本コロムビア、固定電話会社の日本テレコム（現・ソフトバンクテレコム）など経営破綻、または経営困難な状況に追い込まれていた企業を次々と買収しては、株式価値を高めて売却した。

さらには「二匹目のどじょう」を狙って、リップルウッド以外の外資系投資会社も次々と日本市場に参入した。

こうした外資系投資会社のなかには、無慈悲な人員削減や不採算事業の切り売りによって、買収した企業の贅肉を極限までそぎ落とし、財務状況を無理やり改善させて売却益をひねり出そうとする会社もあったようである。

買収した企業の取引銀行や仕入先に債権放棄を迫り、半ば強引に借金を減らして財務状況を改善させようとする動きも見られた。自分たちの利益のために、ほかのステークホルダーの利益はないがしろにするような利己的な態度も、ハゲタカと忌み嫌われる理由のひとつとなった。


国を代表する企業が次々と外資の〝食い物〟にされ、いずれ日本はペンペン草も生えないような不毛の地になるのではないかと本気で心配する人もいたほどだ。

◆ハゲタカにはハゲタカなりの存在理由がある

しかしその後、実際に日本が不毛の地になったのかといえば、そんなことはない。むしろ、外資系投資会社に買収された企業の多くは破綻を免れ、再生を果たして現在も事業を継続している企業も少なくはない。

不毛の地にするどころか、外資系投資会社は、日本経済がペンペン草も生えないような状況に陥る危機から救ったのだ。

長銀や「シーガイア」は、放っておけばやがては倒産していたはずだし、さもなければ巨額の資金をつぎ込みながら、瀕死の状態で延命を図る以外に方法はなかった。

それを外資系投資会社は、日本にそれまでなかったファンドというスキームによって甦らせたのである。

瀕死の会社を買収のターゲットにするのは、投資家から預かった資金を運用する立場として当然のことだ。破綻寸前の会社は、株式価値が極端に下がっているので買収額も非常に安い。その分、企業を再生させて株式価値が上がったときのリターンが大きくなる。プロジェクトが成功すれば、投資家により多くのリターンを還元できるのである。

一方で、破綻寸前の企業は、どんなに頑張っても甦らせることができない場合もある。相応のリスクを負いながら、再生が見込める企業だけを厳格に品定めし、効果的な再生計画を策定・実行しながら株式価値を高めていかなければならない。

しかも、ファンドが企業を買収するときには、旧経営陣や社員、取引銀行などから激しい抵抗に遭うことが多い。修羅場ともいえるほどタフな交渉や説得に臨まなければならないこともあるのだ。そう考えると、ハゲタカも決してラクな仕事ではない。

多額のリターンを見返りとして得るために、彼らがそれなりの苦労をしていることも知っておくべきだろう。ファンドもビジネスである。製造業がモノを作って利益を稼ぐように、投資をしてリターンを得るのが彼らの仕事なのだから、それをとやかくいっても仕方がない。それよりも、彼らの仕事の結果として多くの企業が破綻を免れ、経済の安定に役立ってきたことについては、本来、日本企業が行うべきことだったのだ。

本物のハゲタカ（ハゲワシ類またはコンドル類の俗称）は腐肉食を特徴としているが、彼らが動物の遺体を食べなければ、食物連鎖は損なわれ、環境保全にも悪影響を及ぼすという。ハゲタカにはハゲタカなりの生きる理由があるのである。
同じように、世間からは忌み嫌われがちなハゲタカファンドにだって、経済の生態系における れっきとした存在理由がある。

そもそも外資系投資会社がハゲタカの役割を担ったのは、同様のスキームで破綻企業を救済できる投資会社が日本に存在しなかったからだ。米国では1980年代、中南米金融危機の影響で多くの企業が破綻の危機に瀕し、それをターゲットとするハゲタカファンドが発展した。ところが1990年に入ると米国経済は回復に向かい、彼らのビジネスは縮小する。一方、日本ではバブル崩壊後の景気悪化が深刻化して破綻企業が増加したことから、多くのハゲタカが海を越えて日本に渡ってきたのだ。

小泉純一郎政権（2001年4月~2006年9月）は、金融再生プログラムの一環として2003年に産業再生機構を設立しているが、これはいわばハゲタカファンドに代わる公の企業再生ファンドだ。

カネボウやダイエーなどを破綻から救った産業再生機構の登場は、外資のハゲタカの独壇場であった企業再生ビジネスに国内勢が参入するきっかけを作ったともいえる。

護送船団方式の行き詰まりが金融機関の破綻を招いた

◆過保護な行政指導が「生きる力」を失わせた

バブル崩壊後に多くの金融機関が破綻したのは、それまでの金融行政の弊害が景気悪化と共に一気に露呈したからであるといえる。

戦後から1990年代初めにかけて、日本の金融行政は「護送船団方式」と呼ばれる方法で銀行を守り続けてきた。その過保護ともいえる規制や指導が、日本の金融機関の「生きる力」を削いできたのである。

護送船団方式とは、その名のとおり、海軍戦術のひとつである護送船団をモチーフとした日本独自の金融行政をいう。船団のなかでもっとも速度の遅い船に合わせて、全体の速度を遅らせながら進んでいくのが護送船団の特徴であるが、同じように、経営体力や競争力のない銀行に合わせて全体の速度をコントロールするのが護送船団方式だ。

このやり方なら、本来、経営体力や競争力といった「生きる力」のない銀行でも、ほかの銀行との競争に敗れて潰れる心配はないので、金融不安を回避することができる。その半面、船団から抜け出し、ほかの銀行をどんどん引き離せる力のある銀行でも、船団のなかにとどまることを強制されてしまうので、競争に対するモチベーションや革新性が低下してしまう。

経済が右肩上がりであれば、黙っていても収益を上げることはできるが、経済が低迷している時代は、必死の経営努力や商品・サービスの改善を図らなければ、収益を上げるどころか、生き永らえることすら難しい。そうした「生きる力」を銀行から奪ってしまうのが、護送船団方式の弊害である。

実際、戦後からバブル崩壊までは、どんなに放漫経営をしていた銀行でも潰れることはなかったが、1995年に兵庫銀行が戦後初の経営破綻をして以来、1997年の北海道拓殖銀行、1998年の日本長期信用銀行（長銀、現・新生銀行）、日本債券信用銀行（日債銀、現・あおぞら銀行）など、大手銀行までもが経営破綻に陥る事態となった。

事ここに及んで護送船団方式の問題を痛感した橋本龍太郎政権（１９９６年１月～１９９８年７月）は、大規模な金融制度改革「日本版ビッグバン」を推進する。

日本版ビッグバンは、金融機関に対する規制や指導を緩め、自由化を促進することによって、日本をニューヨークやロンドンと並ぶ国際金融市場として発展させようという野心的な取り組みであった。それまでの過保護な金融行政から、自己責任と自由競争の原則に基づく金融行政へと大転換を図ったのである。

◆銀行が潰れても預金者はまったく困らない

そもそも、戦後の金融行政に護送船団方式が採用されたのは、１９２９年の世界大恐慌の影響で戦前に全国で多くの銀行が潰れ、預金の取り付け騒ぎなどが起こったことに対する反省からだといわれている。

しかし、実際のところ、銀行が潰れたからといって、預金者や借り入れしている企業が困ることはほとんどない。

当座預金や利息の付かない普通預金（決済用預金）については、預金保険制度（ペイオフ）によって全額が保護されるし、利息の付く普通預金や定期預金も元本１０００万円までとその利息については保護されるからだ。

しかも、バブル崩壊以来、これまでにいくつもの銀行が破綻しているが、ペイオフが発動された事例はひとつしかない。ペイオフを発動するには、払い洩れや二重払いを防ぐため、預金者の身元と預金額を慎重に照合しなければならないからだ。1行当たり数十万人から数千万人にも及ぶ預金者の預金状況を正確に把握するのは至難の業である。

唯一、ペイオフが発動された日本振興銀行（2010年9月に経営破綻）の場合、預金者数が非常に少なかったからこそ発動が可能だったのだ。

また、破綻銀行の融資業務は別の銀行に事業譲渡されるので、それまで借り入れをしていた企業が突然資金繰りに困る心配もほとんどない。結局のところ、たとえ銀行が潰れても、個人資産や経済活動に及ぼす悪影響は限られているのである。

護送船団方式がなければ、日本の金融機関はもっと競争力を高め、世界の金融機関と伍して戦うこともできたはずだ。預金者を守り、金融秩序を保つという行政の余計なお世話が、日本の金融機関をひ弱にしたことは否めない。

拙速なゼロ金利解除で頭打ちになった日経平均株価

◆日銀の依怙地な態度が株価に悪影響をもたらした

日経平均がバブル崩壊後から2008年リーマン・ショックまでの間で最安値を記録したのは、2003年4月28日のことである。

1989年末に過去最高値の3万8915円を付けた日経平均はこの日、ザラ場で7603円、終値で7607円と、ピークのわずか5分の1以下の水準となった。

バブル崩壊から10年ほどの間、日経平均は1万5000円から2万円前後のレンジで推移し続けていた。ところが、2001年9月11日の米同時多発テロで1万円の大台を割り込むと、その後2年間は、まるで坂を転げ落ちるように下落したのである。

背景としては、米国のITバブル崩壊と、それによる世界不況の影響もあるが、一方で、日銀の誤った金融政策が株価を腰折れさせる大きな原因となったことも見逃せない。

日銀は2000年8月、当時の森喜朗政権(2000年4月～2001年4月)の猛烈な反対を押し切って、1999年2月から実施されていたゼロ金利政策を解除した。すでに2000年春ごろITバブルが崩壊し、景気が悪くなっていくことが予想されていたタイミングで、金融緩和を拡大させるどころか、むしろ引き締めに転じるという失策を行ったのだ。

このゼロ金利解除がいかに失敗であったかは、結果を見れば明らかだ。予想どおり、ITバブル崩壊の悪影響は2000年末ごろから本格的に表れ始め、世界と共に日本も深刻な景気後退局面に入った。デフレはますます進行し、日経平均はゼロ金利解除時点の1万6000円台から、2000年末には1万3000円台まで急落している。このため日銀は、わずか半年後の2001年2月に再びゼロ金利政策を導入せざるを得なくなった。

そもそも、森政権がゼロ金利解除に反対したのは、2000年8月の時点でデフレが進行していたからである。物価が下がり続けている状況で引き締めを行うというのは、どう考えてもあり得ないことだ。しかし当時の日銀は、デフレが継続していることを認識しながら、それを「いいデフレ」であると判断して解除に踏み切ったのである。

インフレに「いいインフレ」と「悪いインフレ」があるということはよく語られるが、デフレに「いいデフレ」などあるはずがない。この表現によって、図らずも日銀の金融政策オンチぶりが露呈されることになった。

このとき、ゼロ金利解除ではなく、むしろ1～3％程度のインフレ目標を設定して金融緩和のアクセルをふかしていれば、3年後に日経平均が7000円台まで落ち込むことは避けられたかもしれない。少なくとも、持続的な物価上昇が確認できるようになるまでは、ゼロ金利を解除すべきではなかった。

当時の速水優日銀総裁は、ゼロ金利は異常な状態であると認識しており、できるだけ早いタイミングで解除したいという意向を持っていたようだ。

ゼロ金利解除に先立つ2000年6月28日の日銀の金融政策決定会合で、議長を務めた速水総裁は、「債権サイドと債務サイドの需給関係を調整していくのが金利であるから金利がゼロではりついているのでは、正常な市場にはならない。……金融政策としては半分死んでいたといっていいと思う。……正常に戻せるときに早く正常に戻したい」と発言している（日銀発表の議事録より）。

つまり速水総裁は、ゼロ金利政策によって、日銀が金利をコントロールできない状況に置かれていることに不満を抱いていたのであろう。

少しでも早く金利を上げて、調節できる余地を確保したいという日銀の依怙地《いこじ》で自分勝手な思いが、デフレ状況にもかかわらずゼロ金利を解除するという「空気の読めない」決断を招いてしまったのだ。

◆名目金利と実質金利の違いを理解できなかった日銀総裁

ちなみに、右の発言を見ると、速水総裁は、名目金利と実質金利の違いをまったく理解していなかったことがわかる。

速水総裁が発言のなかで挙げている金利とは、あくまでも名目金利である。

これに対し実質金利は、「名目金利－物価予想値」で計算されるので、たとえ名目金利がゼロでも、デフレが続いている状況下ではゼロよりも高めに推移する。

設備投資や消費に直接影響するのは、名目金利ではなく実質金利である。たとえ目の前の名目金利がゼロでも、この先もデフレが予想されるのであれば、保有する現金の価値が上がるので、設備投資や消費に回そうとするインセンティブが働かなくなるからだ。

そして、デフレ状況下でゼロ金利を解除すると、実質金利はますます高くなるので、設備投資や消費はさらに低迷し、デフレを加速させることになってしまう。

ゼロ金利でもデフレが解消されない状況が続いているのであれば、量的緩和などをさらに推し進めて、物価を上昇させることが先決だったのだ。

日銀総裁ですら、経済学の基本中の基本である名目金利と実質金利の区別が付かなかったのだから、日銀のこれまでの金融政策が失敗続きであったことも「さもありなん」といわざるを得ない。

日銀はその後も、まるでデフレを助長させようと意図するかのような失敗を何度も繰り返しているが、2000年8月のゼロ金利解除はその始まりであったといえる。

たとえば2006年3月、日銀は小泉純一郎政権（2001年4月～2006年9月）の内閣府特命担当大臣（経済・金融財政政策担当）を務めていた与謝野馨氏の意向で、2001年2月から始まった量的緩和を解除している。

このときも相変わらずデフレ状況が続いていたにもかかわらず、小泉構造改革や米住宅バブルなどの影響で景気がやや上向いていたことから、拙速な解除に踏み切ったのだ。当時、小泉政権の経済政策の担当者を務めていたわたしは、物価上昇の期待が見込める前に引き締めに走るのは危険だと忠告したが、与謝野氏の要望があまりにも強かったことから、結局、政府は解除することを認めてしまった。

案の定、量的緩和解除の1年後ぐらいから景気は目に見えて悪くなり、2003年4月以降、上昇基調にあった日経平均も2007年の1万8000円台をピークに下落の一途を辿る。その後、2008年リーマン・ショックで日経平均はバブル後最安値（当時）の7000円台まで下がっているが、量的緩和解除という金融政策の失敗さえなければ、株価はもっと持ち応えられたはずだ。

国民負担が増すばかりの社会保障制度

◆高齢化が進めば負担が増すのは当たり前

よく知られているように、年金や医療、介護など、社会保障給付費の支出額は年々急増している。

1970年度の社会保障給付費総額は3・5兆円で、国民所得額に対する割合は5・77%にすぎなかった。ところが1980年度には24・8兆円、1990年度は47・2兆円、2000年度は78・1兆円に膨らみ、2012年度（予算ベース）は過去最大の109・5兆円となった。国民所得額に対する割合は31・34%だ。

膨張する社会保障給付費の負担が、財政悪化を促す大きな原因となっていることはいうまでもない。

しかし、社会保障給付費の膨張は、どうにも抑えようがない。高齢者人口が増えれば、その分、年金や医療のニーズも拡大するのは自明の理だからである。

2012年度の社会保障給付費109・5兆円の内訳は、年金が53・8兆円（総額の49・1%）、医療が35・1兆円（32・1%）、福祉その他が20・6兆円（18・8%）。医療ニーズがもっとも高いのは高齢者であり、福祉その他のうち約10兆円は介護費用だ。つまり109・5兆円の大半は、お年寄りのための支出であると考えていい。

高齢者人口（65歳以上）は1970年の733万人から2011年には2980万人まで4倍以上も増加している。加えて医療の進歩と共に医療費の負担が増し、寿命が長くなったことで年金の支払い年数も延びているのだから、社会保障給付費が幾何級数的に増えるのもやむを得ないといえるだろう。

政府の推計によれば、社会保障給付費は2020年度に135・5兆円、2025年度には151兆円まで膨らむ見通しである。

問題は、膨らみ続ける社会保障給付費をどのように賄っていくかだ。

2011年度を例に取ると、社会保障給付費108・1兆円のうち、59・6兆円は年金や健康保険などの保険料、40兆円は国と地方の税金、残りの8・5兆円は積立金の運用収入等で賄っている。

民主党の野田佳彦前政権（2011年9月〜2012年12月）が「社会保障と税の一体改革」で消費税率引き上げの道筋を開いたのは、税収の増加によって将来の社会保障給付費の負担増に対処しようとする狙いがあるからだ。

しかし、消費税を増税すれば、負担を軽減するどころか、むしろ税収の減少を招いて、ますます負担を重くしかねないことは70ページでも解説したとおりである。

◆増税よりも保険料の取り逃しをなくすことが先決

では、どうすれば負担を減らすことができるのか。

税収を増やすのであれば、消費税増税よりも、金融緩和政策で景気を刺激してGDP（国内総生産）を拡大させる方が効果的だ。

しかし、社会保障給付費は本来なら税金ではなく、保険料によって賄うのが望ましい。

たとえば、年金の一部を消費税で負担するとなると、国民は自分が受け取れる年金の額に対して、どれだけの税金を納めたのかがわかりにくくなる。

これに対して保険料方式なら、受け取れる年金額だけでなく、それを得るために納めた保険料の額も把握できる。納めた額が多いほど受け取れる額も増え、少なければ受取額が減ることもわかるのだから、透明性が高い。

国民年金の未納率の高さがよく話題に上るが、日本はほかの先進国に比べて、保険料の取り逃しが非常に多い。それは、ほかの国と違って保険料の徴収体制に不備があるからだ。

一般に欧米諸国では、保険料の徴収は税務署が行うので、保険料を滞納すれば、税金の未納と同じように追徴課税の請求や差し押さえが行われる。

日本も欧米に見習って徴収体制を強化すれば、軽く15兆円程度は保険料収入と税収が上がるはずである。

日本のように、徴税は国税庁、保険料徴収は日本年金機構と役割が分担されているのもおかしな制度だ。

ちなみに、社会保険料のうち半額は事業主が拠出することになっているが、被保険者（従業員）が知らない間に事業主が保険料を滞納しているケースも珍しくはない。

法人税を納めるのは黒字企業だけなので、国税庁は黒字法人だけを押さえておけばいい。だが、社会保険料は黒字、赤字にかかわらず納めなければならないので、本来であれば日本年金機構の方が押さえなければならない法人の数は多いはずである。

ところが実際には、国税庁が把握している法人280万件に対して、日本年金機構が把握しているのは200万件程度だ。日本年金機構が、いかに多くの保険料未納を取り逃しているのかがわかる。

事業主が保険料を納めていなかったことを知らず、受け取れるはずの年金が受け取れなくなったり、大幅に減額されたりして途方に暮れる国民も多い。徴収体制を強化すれば、そうした悲劇を減らして、善良な国民を不幸から救うこともできるわけだ。

第三章

かすかな希望と官僚組織の逆襲

日本経済没落の20年

２０００年～２００８年ごろ

公務員制度改革はなぜ頓挫してしまったのか？

◆第1次安倍政権が制度改革の嚆矢《こうし》に

国家公務員の人事や採用の見直し、そして〝天下り〟斡旋禁止などを骨子とする公務員制度改革が動き出したのは、第1次安倍晋三政権（２００６年９月～２００７年９月）の時代である。同政権で内閣参事官（総理大臣補佐官補）を務めたわたしは、その動きに直接かかわってきた。

残念ながら、第1次安倍政権から福田康夫政権（２００７年９月～２００８年９月）の間に骨格ができ上がった公務員制度改革は、民主党前政権（２００９年９月～２０１２年12月）によって完全に骨抜きにされてしまったが、まともに進んでいれば、明治から続いてきた日本の公務員制度が根底からひっくり返り、政治主導による行政改革を実現するための土俵ができ上がるはずだった。

そう思うと、かつては自らも公務員制度改革を訴えながら、政権についた途端に手のひら返しをした民主党前政権の日和見な態度に怒りを覚えずにはいられない。

改革への取り組みを時系列的に振り返ると、次のようになる。

まず、第1次安倍政権時代の2007年7月、天下りの斡旋禁止や能力主義の導入などを柱とする改正国家公務員法が成立した。これがいわば、改革の第1段ロケットだ。

次に2008年6月、制度改革の方向性を示す国家公務員制度改革基本法が福田政権のもとで成立する。これによって、すでに決まっている天下り斡旋禁止だけでなく、公務員の採用や人事など、「入り口」（採用）から「中間」（人事評価・異動など）、「出口」（天下り斡旋禁止）に至るフルパッケージの改革方針が網羅されることになった。これが第2段のロケットである。

国家公務員制度改革基本法の具体的な中身は、①国の行政機関の内外から「国家戦略スタッフ」および「政務スタッフ」を登用する、②内閣による、幹部職員人事の一元管理、③国会議員と官僚の接触の透明化、④キャリア制度の廃止と新しい採用方法の導入、⑤「内閣人事局」の設置、などであった。

つまり、これまで省庁ごとに行われてきた採用や人事の権限を内閣に集中させ、内閣で大臣を補佐するスタッフについては、官僚以外の人材を民間や学術界などからでも登用できる体制を整えようとしたわけだ。

いわゆる〝天下り〟問題がマスコミに大きく取り上げられすぎたせいで過小評価されているきらいもあるが、本当に重要なのは、天下り斡旋禁止を盛り込んだ第1段ロケットよりも、じつは第2段ロケットの方である。

なぜなら、これによって省庁ごとの縦割り人事が解消され、「国益よりも省益重視」という行政のあり方が変革できると共に、内閣の方針に抵抗する官僚を排除して、政治主導の行政を実現する道筋が開けるからだ。

天下り斡旋禁止も重要であることはいうまでもないが、それはあくまで「出口」だけの話であり、「入り口」「中間」「出口」のすべてが整わないと、本当の意味での公務員制度改革は実現しない。

しかし、福田政権時代に成立した国家公務員制度改革基本法は、改革の基本理念や基本方針だけを定めたプログラム法と呼ばれるもので、いわば改革のための設計図にすぎない。制度改革を実現するには、基本法に基づいて具体的な法案を一つひとつ作り上げていかなければならなかった。民主党前政権は、それを一切やらなかったのだ。

自民党政権がまとめた基本法に沿って制度改革を進めることへの抵抗もあったようだが、野党時代は鼻息荒く政治主導をうたっていた民主党が、政権を取った途端、官僚たちにいいように丸め込まれてしまったことが最大の原因だろう。

一方で民主党は、第1次安倍政権時代に成立した天下り斡旋禁止についても、政権を取ってから完全に骨抜きにしてしまった。

第1次安倍政権時代に成立した改正国家公務員法には、天下り斡旋を監視するための再就職等監視委員会を設置することが定められていたが、どういうわけか民主党前政権は、これを設置しなかったのだ。改正国家公務員法は、国家公務員制度改革基本法のようなプログラム法ではなく実効性のある法律だった。つまり、民主党が同法に従って粛々とことを進めていれば、天下りをなくすことはできたはずなのである。

ところが、それをやらないどころか、民主党前政権は2010年6月、現役の官僚が特殊法人や独立法人などに出向する「現役出向制度」を認める「退職管理基本方針」を閣議決定してしまう。改正国家公務員法が禁じているのは公務員が定年前の「勧奨退職」によって天下りをすることだが、「退職管理基本方針」では、中高年の現役職員が公務員の身分を維持したまま出向したり、派遣されたりするのは「これに当たらない」としており、この方針によって天下り斡旋禁止も事実上、骨抜きにされてしまった。

　どうにかして天下りを維持しようとする官僚たちの執念に、民主党はすっかり丸め込まれてしまったのである。

◆政治主導を実現するには公務員制度改革が不可欠

　そもそも現在の公務員制度は、明治時代から120年以上も続く古い制度である。

　その最大の特徴は、官僚たちの「中立性」を重視していることだ。現行制度ができるまで、明治政府では、それぞれの大臣が自分たちのお抱え人材を政治任用して行政を取り仕切ってきたが、内閣が代わるたびに人材が入れ替わり、行政の一貫性が保たれないことが問題視されるようになった。そこで、山縣有朋が第2次山縣政権時代（1898年11月～1900年10月）の1899年に文官任用令を改正して政治任用を禁止。以後、政治家とかかわりのない官僚が中立的な立場で行政を取り仕切るようになったのである。

行政の一貫性が保たれるのはいいが、中立であるということは、裏を返せば官僚たちが政治家のいうことを聞かなくなる仕組みだということだ。

その結果、官僚たちは自分たちの利権ばかりを追い求め、政治家に抵抗することによって、民意を反映しない行政が行われることになってしまった。

この状況を打破するには、つまり政治主導の行政を実現するには、大臣にある程度の政治任用権限を与え、省益に染まった官僚だけでなく、民間や学術界などの人材も広く登用する制度に変えていくことが望ましい。国家公務員制度改革基本法は、まさにその道筋を開くための法律だったのだ。

日本のように、政権スタッフの政治任用が原則として認められていない国は非常に珍しく、欧米など海外では当たり前のことである。米国では、大統領が代わるたびにホワイトハウスのスタッフもがらりと入れ替わるほどだ。

対照的に日本では、大臣を補佐する事務次官には必ず官僚のトップが就き、民間などから登用されることはない。政権が代わっても事務次官は変わらないことが多いので、行政の一貫性は保たれるが、省益を代表する事務次官が政治主導を阻む厚い壁となってしまう。すべてのスタッフを官僚以外から登用するのはいささか無理があるが、政治主導を実現させるには、ある程度の政治任用が不可欠だ。

◆政策を立てれば天下りポストが増える

官僚たちが民意や国益よりも自分たちの利権を重視していることの例のひとつが、政策を立てるときに、必ずといっていいほど自分たちの天下り先を確保していることだ。これについては、わたし自身も経験がある。

大蔵省（現・財務省）に入って公務員になったばかりのころ、株券等振替制度を実施するための法案作りを上司から命じられた。ちなみにこの制度は、投資家が株券を紛失して損失を被るのを防ぐため、株券を電子化して取引するためのものだ。

官僚として初の大仕事に奮い立ったわたしは、海外の先行例や、電子化実現のために改正が必要な商法などをじっくり勉強して法案をまとめ上げ、上司に提出した。

ところが、なぜか上司は「これでは駄目だ」と首を縦に振らない。完璧な内容に仕上がったと自信を持っていたので、なにがどう駄目なのか、さっぱりわからなかった。

しかし、ある先輩官僚のアドバイスで謎が解けた。要するに、この法案が成立することによって確保される天下り先についての記述が抜けていたのだ。

そこで、電子化された株券を振替・決済する公の機関を作ることを盛り込んだところ、ようやく上司は法案を採用してくれた。

海外の事例を見る限り、電子化された株券の振替や決済は民間の信託銀行に委託しており、国が公の機関を作って振替・決済業務を行っているところはない。天下りポストを確保するため、わざわざ必要もない機関を設立することを法案に盛り込んだわけだ。

このように、政策を立てるたびに官僚の天下りポストはどんどん増えていく。

国のため、国民のためではなく、あくまで自分たちのために政策作りを行っているのが官僚たちの本当の姿なのだ。

道路公団民営化の果ての「高速道路無料化」

◆日本の高速道路料金が高すぎる理由は？

小泉純一郎政権（2001年4月〜2006年9月）による構造改革のひとつとして積極的に推し進められたのが、日本道路公団など道路関係4公団の民営化である。

4公団はいずれも国土交通省所管の特殊法人であったが、2005年10月1日、上下分離方式によって、「下」に当たる道路施設および債務の保有は新設された独立行政法人日本高速道路保有・債務返済機構に、「上」に当たる道路やサービスエリア運営は9つの民営会社に分割された。日本高速道路保有・債務返済機構は保有する道路を民営会社に賃貸し、その収益によって旧4公団から譲渡された債務を返済していく計画となっている。

こうして道路関係4公団にメスが入れられた理由はいくつもあるが、とくに大きかったのは、①国交省からの〝天下り〟先として多数のファミリー企業を抱え込み、その非合理な運営やファミリー企業同士の癒着関係によって高コスト体質がもたらされていたこと、②特殊法人であるため、国から多額の補助金を受けていたこと、③道路族議員との癒着により、必要性の乏しい道路までもが4公団によって建設され、過分な財政負担をもたらしていたことの3つであろう。

これらによって、日本の高速道路料金は海外とは比較にならないほど割高となり、国が4公団に入れていた補助金は年間約3000億円と膨大な金額に上っていた。

4公団の民営化を検討したのは、小泉政権が2002年6月に設置した民営化推進委員会だったが、そのなかでも急先鋒の役割を担ったのは猪瀬直樹委員（現東京都知事）だ。ノンフィクション作家である猪瀬氏は、持ち前の粘りと執着心でファミリー企業の全容や天下りの構図などを徹底的に調べ上げ、糾弾した。当時、小泉政権内で政策担当者を務めていたわたしは、猪瀬氏からの要請を受けてファミリー企業探しのお手伝いをした。

もちろん、天下り先を死守したい国交省の官僚たちから激しい抵抗に遭ったことはいうまでもない。それでも委員会設置から半年後の2002年12月には民営化のための意見書がまとまり、２００４年６月には関連法案が国会で成立した。

民営化についてはさまざまな批判もあるが、特殊法人が解体されたことで、少なくとも年間約３０００億円の補助金が不要となり、財政負担の軽減をもたらした。また、これによって不必要な道路を建設するための財源が断ち切られたことも大きな成果だろう。

２０１２年12月に自民党が政権を奪還し、道路族議員たちが再び道路建設推進を声高に訴え始める可能性も生じてはいるが、そうならないことを願いたい。無駄な道路を増やせば結局コストがかさみ、道路料金はいつまで経っても安くならないからだ。

◆民主党の高速道路無料化はまったくの愚策

一方、２００９年に政権を奪取した民主党が、「子ども手当」と共にマニフェスト（政権公約）の目玉のひとつとして掲げていたのが「高速道路の無料化」である。

実現に向けて社会実験を行ったほか、東日本大震災後には被災者限定で一部の路線を無料化したものの、結局のところ公約を果たせないまま民主党は政権の座から追われ、高速道路無料化は絵に描いた餅で終わってしまった。

民主党はマニフェストのなかで、高速道路無料化のメリットとして、①流通コストの引き下げを通じて、生活コストを引き下げる、②産地から消費地へ商品を運びやすいようにして、地域経済を活性化する、などを挙げていた。

そうした効果がどれだけ得られるのかは検証を重ねてみないことにはわからないが、仮に高速道路を無料化した場合、維持管理のための資金は利用者以外に頼らざるを得なくなる。要するに国や地方が負担する以外に方法はないということだ。

公のお金に頼って運営せざるを得なくなれば、高速道路会社は、利用者よりも国や地方の意向に従うようになるだろう。その結果、官僚や役人の要求ばかりが運営に反映され、利用者のニーズは軽んじられることになりかねない。

利用者自身がお金を払い、その対価として利用者目線のサービスを受けられるようにするのが理想的な形だ。その意味で、高速道路無料化はまったくの愚策であったといわざるを得ない。

郵政民営化を逆戻りさせた民主党前政権

◆社長人事で暴かれた前政権の意図

小泉純一郎政権（２００1年4月～２００6年9月）の郵政民営化に対する執念は凄まじかった。わたしは小泉政権の政策担当者として、２００5年10月14日に成立した郵政民営化関連法案の作成に直接携わったが、野党はおろか、与党・自民党の一部議員からも猛反発を受け、一度は否決されたものの、「国民に信を問う」と宣言して２００5年8月の解散・総選挙（いわゆる郵政解散）に踏み切った小泉元首相の執念深さには、「いったいなにがここまで小泉さんを突き動かしているのか？」と不思議に思ったほどだ。

結果的に自民党は総選挙で圧勝。民営化に反対して公認を得られなかった元自民党の無所属候補の大半は、小泉元首相が送り込んだ〝刺客候補〟たちとの戦いに敗れ去った。国民は関連法案に掲げられた郵政の完全民営化を圧倒的に支持したのであった。

郵政民営化をめぐって自民党内部からも強い反発があったのは、重要な支持基盤のひとつである特定郵便局長会への配慮からだ。全国の郵便局の約4分の3を占めていた特定郵便局は、地元の名士が代々局長を務めているケースがほとんどで、郵政族議員をはじめとする自民党議員の票田だった。特定郵便局長には暗黙のうちに世襲制が認められ、さまざまな利権も得られる。それと引き換えに特定郵便局長の大半が自民党を支持していた。

ところが、完全民営化が実現すると、合理化の一環として過疎地などの不採算地域における特定郵便局の廃止・統合が進む可能性がある。これが特定郵便局長にとっては不利益となることから、自民党内で猛反発が生じたのである。そのため、郵政解散を受けて自民党を飛び出し、国民新党を立ち上げた亀井静香氏など反対派の議員らは、郵政を民営化すればサービスが弱体化すると訴えて国民に支持を求めた。

だが、民営化を推し進めればサービスが低下するというのは、考えてみればおかしな話である。わたしは官僚出身だからよくわかるが、ビジネスセンスのない官僚や公務員がサービスを提供するよりも、顧客ニーズに適切に対応しなければ生き残れない民間企業の方が、よほど質が高く、コスト競争力のあるサービスを提供できるはずだからだ。

郵政民営化については、民主党前政権（2009年9月～2012年12月）によって抜本的な見直しが行われ、小泉政権の目標であった完全民営化は凍結されてしまった。

また、民主党と連立を組み、鳩山由紀夫政権（2009年9月～2010年6月）で郵政・金融担当大臣となった亀井静香氏は、2009年10月に辞任した日本郵政の西川善文前社長の後任として、大蔵省（現・財務省）の元次官である斎藤次郎氏を起用した。この人事によって、前政権が民営化どころか、官営への逆戻りを意図していることが暴かれてしまったといえる。

◆民営化しなければ存続すら危ういのが実情

民から官への逆戻りは、サービスの質を低下させるだけでなく、それに伴う業績の悪化で今後、郵政を苦しめることになるだろう。

実際、元大蔵次官が社長になってからというもの、日本郵政のサービスに対する悪い評判がわたしの耳にも届くようになった。

たとえばある選挙のとき、歳暮のシーズンだったにもかかわらず、郵政民営化に反対する議員の選挙応援に多数の郵便局員が駆り出され、百貨店からの歳暮の配達依頼にまともに対応できないことがあったという。とある百貨店は、「二度と日本郵政は使わない」と憤っていた。そんなお粗末なサービスでは、民間の宅配業者などに市場をどんどん奪われ、衰退の道を辿るほかはない。

じつは郵政は、民営化をしなければいつ破綻してもおかしくない状況に置かれている。というのも、橋本龍太郎政権（1996年1月〜1998年7月）時代の1998年に財政投融資改革(財投改革)が実施され、郵政に投入される税金が途絶えてしまったからだ。

郵政と財政投融資の関係については、若干説明が必要だろう。

財政投融資とは、大蔵省（現・財務省）が郵便貯金や簡易保険、年金資金などのお金を原資として、特殊法人に貸し付ける官製の金融システムである。

郵政が扱う郵貯と簡保の資金は、合わせて約350兆円にも上っていた。その巨額の資金が大蔵省を経由して、道路関係4公団や住宅金融公庫（現・住宅金融支援機構）などの特殊法人に貸し付けられていたのだ。１１２ページでも述べたように、特殊法人は官僚の天下り先として活用されていたが、大蔵省はその存続のために郵貯や簡保の資金を利用していたことになる。

大蔵省が郵貯や簡保から資金を借り入れる際の金利（預託金利）は国債金利よりも０・２％ほど高く、まったく同じ金利（財投金利）で特殊法人に貸し付けていた。

つまり、大蔵省自身が利ザヤを抜いて儲けようという考えはなかったわけだが、国の１００％子会社である特殊法人の信用力があれば、国債並みの低金利で市場から資金を調達することができる。要するに問題は、財投という仕組みのせいで特殊法人が割高な金利を支払わされていることにあった。

特殊法人が大蔵省に対して支払う金利の負担は、特殊法人への税金投入で賄われていた。官僚の天下り先を支えるために、国民が納めた税金が無駄に遣われていたのだ。

しかも、これを財政投融資システム全体で見れば、特殊法人に投入された税金が、特殊法人から大蔵省に、さらに大蔵省から郵貯・簡保に利払いとして移転されることになる。つまり、郵貯と簡保も実質的に税金によって支えられていたのである。わたしはこれを、「郵政へのミルク補給」と呼んでいた。

しかし、1998年の財投改革によって郵政への間接的な税金投入はストップしてしまう。その結果、民間の銀行や保険会社と同じように、郵貯・簡保も自助努力で利ザヤや運用益を稼ぐしか生き残る方法はなくなってしまった。

官営のままでは、稚拙な資金運用能力やお粗末なサービス力、運営の無駄などによって早晩潰れかねないことは明らかだった。わたしは1990年代後半に大蔵省で財投改革に携わっていた当事者であるが、「改革が実施されれば、郵政は民営化せざるを得なくなる」ということを、すでにその時点で見抜いていた。

にもかかわらず、民主党前政権は郵政民営化の動きを巻き戻してしまったのだ。結果として郵政の破綻リスクを高めることになったといえる。

リーマン・ショックは平成不況を加速させたのか？

◆米投資銀行の破綻が世界を大きく揺るがした

2008年9月15日に起きたリーマン・ショックは、米国の4大投資銀行のひとつであったリーマン・ブラザーズの破綻を発端とする世界的な金融危機であった。

サブプライムローン問題の影響で約6000億ドル（約53兆円）もの負債を抱えていたリーマン・ブラザーズは、米国政府による公的資金注入が拒否され、ほかの金融機関への売却交渉も難航するなど、窮地に陥った末に破産を申請。負債額があまりにも大規模であったことから米国に金融不安を引き起こしかねないとの懸念が高まり、米国の株式相場は大暴落した。

その影響はまたたく間に世界中に広がり、全世界の主要な株式市場を直撃。日経平均株価は、リーマン・ショック直前（9月12日）の12214円から10月28日には一時

6000円台まで暴落している。

リーマン・ブラザーズのあとを追うように、米国ではシティグループやAIG（アメリカン・インターナショナル・グループ）、バンク・オブ・アメリカ、英国ではRBS（ロイヤル・バンク・オブ・スコットランド）やロイズ・バンキング・グループなどの大手銀行および保険会社が次々と経営破綻に陥り、国有化を余儀なくされた。

これらの金融機関が大量保有していたサブプライムローン関連の証券化商品が不良債権化したことに加え、市場からの借り入れが困難となったことが大きな原因だ。

世界中の金融機関は、貸付先がどれだけサブプライムローン関連の証券化商品を保有しているのかが把握できず、いつリーマン・ブラザーズのように破綻するかもしれないと疑心暗鬼になった。いわゆる信用収縮（クレジットクランチ）である。その結果、多くの金融機関が借り入れ困難となり、まるでドミノ倒しのように世界の名立たる銀行や証券、保険会社が経営危機に陥った。

幸いというべきか、日本の金融機関はバブル崩壊後の不良債権問題に苦しんで羹《あつもの》に懲りていたこともあり、欧米の金融機関ほど巨額のサブプライムローン証券化商品を抱え込んではいなかった。そのため、信用収縮の影響は非常に軽微で、むしろ野村證券が破綻したリーマン・ブラザーズのアジア部門と欧州部門を買収、三菱UFJフィナンシャル・グループが米金融大手モルガン・スタンレーの筆頭株主になるなど、リーマン・ショックで苦しんでいる欧米の金融機関に救いの手を差し延べたほどだ。

◆震源地ではないのに日本が大ショックを受けた理由

しかし、日本の金融システムにはさほど大きな悪影響はなかったものの、リーマン・ショックは日本の株価や実体経済にダメージを与えた。

リーマン・ショックから半年後の2009年3月10日には、日経平均が終値ベースでバブル崩壊後最安値（当時）となる7054円を記録。実体経済では、海外需要が落ち込んだことで自動車、家電など輸出産業の業績が著しく悪化し、2009年の実質経済成長率はマイナス5・53％となった。自動車や家電メーカーなどが非正規雇用者を大量に切り捨て、職を失った若者たちの避難所として「派遣村」が立ち上げられたことは記憶に新しいだろう。

ところで、リーマン・ショックの影響は、それまでも続いていた日本のデフレ不況にいっそう拍車を掛けたとの指摘がある。果たしてこれは正しい見方だろうか？

そもそもショックの震源地は米国であり、その原因はサブプライムローン証券化商品だ。日本は震源地から非常に遠く、日本の金融機関はサブプライムローン証券化商品をそれほど抱えていなかったのだから、本来ならそれほど大きな衝撃を受けるはずはない。

真相を明かせば、日本の景気は、すでにリーマン・ショックが起きる1年も前から下り坂に差し掛かっていた。２００６年3月に、インフレ率がマイナスにもかかわらず日銀が量的緩和解除を実施したせいで、インフレに向かいかけていた日本経済をデフレへと逆戻りさせてしまったのだ。

つまり、デフレ不況を加速させた真犯人はリーマン・ショックではなく、日銀の間違った金融引き締め策であった。

このとき、日銀が量的緩和解除を先延ばししていれば、リーマン・ショックによって日本の株価や実体経済にもたらされたダメージはもっと軽くなっていたはずだ。

◆デフレなのに「インフレだ」と言い張って金融緩和を解除

２００６年３月の量的緩和解除については97ページでも触れているが、ここでもう少し詳しく解説しておこう。

日銀の量的緩和解除を支持したのは当時、小泉純一郎政権（２００１年４月〜２００６年９月）で内閣府特命担当大臣（経済・金融財政政策担当）を務めていた与謝野馨氏だ。

与謝野氏が緩和を訴えたのは、２００６年のはじめに消費者物価指数（除く生鮮食品）が前年同月比でプラス０・４〜０・５％になっていたからだった。

当時、小泉構造改革などの影響で景気は上向きかけており、消費者物価指数がプラスに転じたことで、与謝野氏は「ようやくデフレを脱却できた」と判断したのであろう。

しかしこのプラスは、あくまで表向きの数字にすぎなかった。

消費者物価指数には、実態よりも数値が高くなりやすい特性がある。しかも消費者物価指数は基準年を１００として計算されるが、基準年から遠ざかれば遠ざかるほど高めに出やすくなる傾向があるのだ。これを「上方バイアス」という。

基準は5年ごとに改められ、その直前の消費者物価指数がもっとも高めに出る。過去の例では、実態よりも0・5%ほど高めになって、基準が改定されると同時に実態との差がなくなる。2006年は基準改定の年に当たり、8月に実施されることになっていた。

わたしは当時、消費者物価指数を算定する総務省統計局に勤務していたが、2006年はじめの消費者物価指数から「上方バイアス」分を差し引くと、依然マイナスであることがわかった。つまり、デフレの状況が続いていたわけだ。

にもかかわらず、見た目の数字がプラスを示していたことから、「インフレになった」と言い張って与謝野氏は量的緩和解除を押し通してしまった。デフレ下で引き締めを行うというのは、金融政策として愚策以外のなにものでもない。

おそらく与謝野氏を急き立てたのは、量的緩和が異常な状態であると考え、なるべく早く脱却したいとタイミングを探っていた日銀であろう。リーマン・ショックよりも日銀の身勝手な金融政策の方が、日本経済により大きなダメージを与えたといえる。

バランスシートで暴かれた霞が関埋蔵金

◆「母屋はお粥、離れですき焼き」の実態が明らかに！

国の特別会計のなかに、表には表れない巨額の余剰金や積立金が潜んでいることを明らかにしたのは、なにを隠そうこのわたしである。

2007年、自民党の中川秀直衆院議員（当時）が「霞が関埋蔵金」と呼んでその実態を明らかにし、翌2008年の新語・流行語大賞で入賞するほど大きな話題を呼んだことはよく知られている。

だが、埋蔵金の存在を暴いて本格的に追及するようになったのは、それよりも前の小泉純一郎政権（2001年4月〜2006年9月）の時代だ。

財務省は当初、埋蔵金など存在しないと言い張っていた。しかし当時、小泉政権の政策担当者を務めていたわたしが国会の予算審議で特別会計のバランスシートを示し、余剰金や積立金の存在を動かぬ証拠として示したことから、財務官僚たちもついに言い訳ができなくなった。その結果、小泉政権時代の5年間で、じつに40兆円もの埋蔵金を吐き出させることに成功している。

この埋蔵金があったおかげで、小泉政権はそれまでの政権に比べて国債の発行額を減らし、増税をせずに済んだともいえる。

わたしが埋蔵金の存在に気付いたのは1995年のことだ。

当時、財政投融資改革（財投改革、119ページ参照）にかかわっていたわたしは、財投の財務状況を正確に把握するためにバランスシート（貸借対照表）を作成した。

財投は、特別会計の一部であった。そこで、どうせ作るのなら特別会計全体のバランスシートを作ってしまえということで、特別会計の資産や負債を洗いざらい調べ上げて並べてみたのである。

すると、意外なことに特別会計にはかなりの余剰金や積立金があることがわかった。

国の予算には一般会計と特別会計があるが、一般会計は主に税金を歳入とし、特別会計は年金保険料や特許料、審査料といった税金以外の収入で支出が賄われている。
それらの収入が思いのほか潤沢で、じつは大幅な黒字を計上していることがバランスシートを作ったことによって明らかになった。
一般会計は税収の減少と共に年々赤字が膨らんで火の車になっているのに、じつは特別会計の方はホクホクの状態だったわけだ。

埋蔵金問題が騒がれる10年以上も前から、わたしは特別会計が潤っていることを知っていたわけだが、小泉政権の初期に一般会計の歳入が大幅に不足し、増税せざるを得ないのではないかというムードが漂っていたことから、当時、内閣府特命担当大臣（金融・経済財政政策担当）を務めていた竹中平蔵氏に、その事実を明かしたのである。

初期の小泉政権で財務相を務めた「塩爺《しおじい》」こと塩川正十郎氏は、この状態を「母屋でお粥をすすっているときに、離れですき焼きを食べている」と揶揄しているが、言い得て妙だと思ったものだ。

◆財務官僚の言い逃れを押し切って40兆円を吐き出させる

国会の予算審議で、バランスシートをもとに埋蔵金の存在を指摘したことに対して、財務省の官僚たちはぐうの音も出なかった。

官僚たちが作成した特別会計予算に基づいて作ったバランスシートなのだから、これを否定すれば、予算そのものを否定することになってしまうためだ。

そもそも、財務省はそれまで特別会計のバランスシートを作成したことがなかった。だから自分たち自身でも、特別会計がどれだけ儲かっているのかを正確には把握していなかったはずだ。それが具体的な金額として白日の下にさらされたのであるから、財務官僚たちがうろたえるのも無理はなかった。

やむなく財務省は、埋蔵金の存在は認めたものの、「これは国民のために遣う目的で留保したお金ではない」などと言い張って、埋蔵金を吐き出すことに抵抗した。

しかし小泉政権は「どのように遣うかは政治家が決めることだ」といって財務省の言い分を突っぱね、結局は5年間で40兆円もの埋蔵金を吐き出させることに成功した。こうした硬骨な態度こそが、真の政治主導のあり方といえるのではないだろうか？

霞が関に眠る埋蔵金は、現在でも15兆円程度は存在するはずだ。

それをどう引き出すかは、第2次安倍政権をはじめとする今後の政治家たちの手腕にかかっている。

第四章

日本経済没落の20年
財務省&日銀の悪漢タッグと無策民主党

２０１０年前後

財務省はなぜ「最強官庁」と呼ばれるのか？

◆デフレを容認し、増税に突き進む財務省の思惑

約3年3ヵ月の間に総理が3人も入れ替わり、迷走の果てにあえなく潰れてしまった民主党前政権。2009年8月30日の総選挙では308議席を獲得し、悲願の政権交代を成し遂げたのだが、目も当てられないほどの政権担当能力の乏しさや、公約違反の連続によって、多くの国民の期待を裏切ることになってしまった。

公約違反の最たるもののひとつが、消費税増税であろう。

民主党は2009年総選挙のマニフェストにおいて、国の予算を組み替え、税金の無駄遣いをなくすことで財源を捻出すれば、消費税増税は必要ないと主張していたはずだ。「政権交代から4年間は、消費税は引き上げない」と威勢のいい言葉も吐いていた。

ところが、菅直人政権（2010年6月〜2011年9月）になると民主党は増税による財政再建路線に急転換し、続く野田佳彦政権（2011年9月〜2012年12月）は、とうとう消費税増税への道を開いてしまった。

菅、野田の両氏は、どちらも総理大臣に就任する直前に財務大臣を務めているが、その間、「財政危機を脱するには消費税増税をするしかない」という財務官僚たちのロジックにすっかり丸め込まれてしまったのかもしれない。

ことほど左様に、政治家に対する財務省の影響力は大きい。

政治家だけでなく、ほかの省庁や、経済界をはじめとする日本全体に対しても、財務省は「最強官庁」として圧倒的な支配力を持っている。日本が長期デフレ不況で苦しんでいるのも、実質的な国の支配者である財務省がそれを強く望んできたからなのだ。

財務省が政治家たちに消費税増税を働きかけるロジックは、単純化すれば「税収不足だから『国の借金』が増える」→「不足を補うには増税しかない」という二段論法である。
だが、消費税率を引き上げたところで税収が増えるとは限らない。実際、1997年に消費税率が3%から5%に引き上げられたときには、5年後の一般会計税収が10兆円以上も減少している。繰り返しいうが、デフレを解消して経済成長率を高める方が、税収増の効果ははるかに大きいのだ。

こうした効果を財務官僚たちもわかってはいるが、彼らは日本経済をデフレから脱却させようとは微塵も考えない。デフレが長引き、「国の借金」が増え続けてくれた方が、政治家や国民に消費税増税を訴えるためには都合がいいからである。

なぜ彼らが消費税増税に固執するかといえば、その方が自分たちの利権が増えるからだ（72ページ参照）。

また財務官僚の多くは、デフレを脱却して経済成長が加速すると、金利が高くなって国の利払費が増え、財政再建がますます困難になると主張する。だが、世界を見渡してみれば、経済成長をしている国ほど税収が多く、財政も健全であるのが普通だ。日本だってバブル景気の時代には、赤字国債を発行せずに済んでいる。財務官僚たちの言い分は、明らかにデフレを継続させたいがための詭弁であることがわかる。

政治家の大半は経済オンチなので、そうした財務官僚たちの言葉にいいくるめられ、財政を再建するには消費税を増税するしかないと思い込まされてしまう。菅氏と野田氏も、まんまとその罠にはまってしまったのだと思われる。

◆民主党が「政治主導」を実現できなかった本当の理由

財務省が「最強官庁」と呼ばれるのは、国の予算をすべて牛耳っているからにほかならない。一般家庭でも、働く夫より財布を握っている妻の方が強いように、役所や企業でも、金を握っている立場の人間が最強である。

会社の経営者がロクでもなければ、財務担当重役などの金庫番にいいように操られるのは自然なことだ。経営者を「政治家」、金庫番を「財務省」と入れ替えれば、その関係がよくわかるだろう。相手が最強官庁だからこそ、政治家はその言い分に耳を傾け、聞き入れざるを得ない側面もある。

ほかの省庁にとっても、ほとんどすべての予算を握られているのだから、財務省の意向に逆らうわけにはいかない。不満や恨み言は多々あるに違いないが、それが現実だ。

しかも財務省は、政治家や役所だけに限らず、経済界やマスコミなどの民間に対しても圧倒的な支配力を持っている。なぜなら、各省庁や国税庁、天下り先の特殊法人などを通じて、民間のあらゆる情報が財務省に集中する仕組みができ上がっているからだ。

財務省は国の予算のほとんどを牛耳っているので、予算の割り当て先である各省庁に人材を出向させている。近年、省庁間の人事交流は活発になりつつあるが、ほとんどすべての省庁に一方的に人材を送っているのは財務省だけだ。そこから各省庁が管轄する業界や企業の情報がいくらでも入ってくる。

数ある財務省の情報網のなかでも、とくに恐ろしいのが国税庁の存在である。

法律上、国税庁は独立した組織となっているが、歴代の国税庁長官や幹部の多くは財務省ＯＢが務めており、実質的には財務省の下部機関といっても過言ではない。

しかも東京、大阪、名古屋の各国税局などは、泣く子も黙る「マルサ」（査察部）のトップが財務省の出身だ。悪質な脱税などを徹底捜査するマルサの圧倒的な情報力があれば、いかなる企業や個人でもたちどころに身ぐるみ剥がされ、弱みを握られてしまう。日ごろは財務省や財務官僚の批判を繰り広げているマスコミとて例外ではない。

ほかの省庁はいうまでもなく、大企業ですら収集不可能なほど膨大な情報を握っていることが、財務省が「最強官庁」と呼ばれるもうひとつの理由なのだ。

ちなみに２０１０年、民主党の鳩山由紀夫元首相が、母親から7年間にわたって贈与された約12億円の資金について税申告をしていなかったことが発覚し、大きな批判を浴びたことを覚えているだろうか。このときは、本来なら国税局から立件されても当然だったはずが、特別にお目こぼしをもらったという話もある。

おそらく鳩山元首相は、財務省に対して二度と頭が上がらなくなってしまったに違いない。民主党が「政治主導」を果たせなかったのも無理からぬことである。

いつまでも世界レベルに達しない日本銀行

◆デフレの〝実行犯〟日銀が犯した3つの失敗

財務省が長期デフレ不況のシナリオを描いたとすれば、そのシナリオどおりにデフレ誘導を繰り返した〝実行犯〟は日本銀行（日銀）ということになるだろう。

少なくとも日銀は、バブル崩壊後の「失われた20年」の間に3つの失敗を犯している。ひとつは2000年8月のゼロ金利解除、ふたつ目は2006年3月の量的緩和解除。そして3つ目は、2008年9月のリーマン・ショック以降、FRB（米連邦準備制度理事会）をはじめとする世界の中央銀行が積極的に量的緩和を繰り広げたにもかかわらず、日銀がまったくなにも行わなかったことだ。

ひとつ目とふたつ目の失敗が、デフレを脱却していないにもかかわらず引き締めに舵を切るという致命的な過ちであったことは、すでに述べたとおりだ。

さらに3つ目の失敗は、相対的に外貨の供給量が大きく膨らんだことで急激な円高を招き、デフレを長引かせるという惨たんたる結果をもたらした。

じつは現在の日銀総裁である白川方明《まさあき》氏は、この3つの失敗のすべてに関与している。ひとつ目のゼロ金利解除のときは日銀の審議役として、ふたつ目の量的緩和解除は日銀理事として、3つ目のリーマン・ショック後の金融政策については日銀総裁としてかかわっているのだ。いずれの局面においても責任者の立場でありながら、デフレから脱却するどころかむしろ進行させてしまったのだから、〝実行犯〟であると同時に〝確信犯〟である疑いも深い。つまり、意図的にデフレ誘導したと思われても不思議ではないのだ。

中央銀行は、物価と雇用を安定させる責任を負うのが世界の常識である。

日銀は、雇用への責任を負っていないことに大きな問題があるが（66ページ参照）、少なくとも物価を安定させることができないのでは、中央銀行としての役割を果たしていないに等しい。

日銀は従来、物価が0～2％のインフレ率で収まっている状況を「物価が安定している」と見なしてきた。見方を変えれば、インフレ率がこの水準を上回ったり、下回ったりすれば、物価安定への取り組みが自己採点で不合格だったということになる。もっとも現実には、バブル崩壊以降、2％を超えるインフレが発生したことは数えるほどしかないので、デフレを脱却して0～2％のインフレ率を達成すれば合格ということだ。

そこで、日銀総裁の任期期間中にインフレ率が0～2％の範囲に収まっている月数を調べてみたところ、白川総裁の打率はわずか約2割。任期期間中の約8割はデフレが続いていたことになる。

これがいかに低い打率であるかは、海外の中央銀行と見比べてみれば歴然である。たとえば米国のFRBは、物価安定水準を日銀よりも高いインフレ率1～3％に設定しているが、それでも勝率は7割以上である。米国だけに限らず、海外では勝率7～8割が当たり前だ。

ここまで負けが込んでいると、わざと負けているようにしか思えてならない。さもなければ、白川総裁によほど能力がないかのどちらかであろう。

◆海外に比べて不十分な取り組みだったことが敗因

もちろん、日銀はこれまでなんの手立ても講じてこなかったわけではない。無策ではなかったものの、海外諸国に比べてあまりにも不十分な対応だったことが敗因なのだ。

たとえば２００８年のリーマン・ショック以降、米国をはじめとする世界の中央銀行は競って量的緩和を推し進めたが、いずれもバランスシートを「兆ドル」単位で拡大させるというスケールの大きなものだった。これに対し、日銀の金融緩和は、せいぜい「兆円」単位と圧倒的に桁が違っていた。

また、日銀は２０１２年2月14日の金融政策決定会合で、「中長期的な物価安定の目途」を初めて設定し、将来的には２%、当面は１%のインフレ率を目途（目標ではない）とすることを決めたが、世界のほとんどの中央銀行が２%を目標として設定していることを考えれば、掲げた数字も、「目途」という表現も、あまりにも中途半端だ。

２０１３年1月22日、第２次安倍晋三政権と交わした「共同声明」によって、日銀はようやく2％のインフレを「目標」とする方針を掲げたが、もっと早くから高い目標を明確に打ち出して金融緩和に取り組むべきだった。

ちなみに1％程度のインフレ率では、統計上の「上方バイアス」（126ページ参照）がかかっていて、実質的にはデフレが続いている可能性もある。少なくとも2％のインフレ率を達成しなければ、デフレから脱却したと判断するのは早計なのだ。

◆日銀には目標達成に責任を持たせるべき

日銀が物価安定を達成できないのは、達成しなくても責任が問われることのない制度に大きな問題があるのではないかと思う。

ビジネスの世界では、厳しい営業ノルマや販売目標が課せられ、達成すればそれなりの報酬が与えられる代わりに、目標に届かなかったときは責任を取るのが当たり前だ。そうした厳しさがないからこそ、10戦8敗などという、恥ずかしくて人にはいえないような成績でも平気でいられるのだろう。

海外では、責任をまっとうできなかった中央銀行総裁は交代させられるのが当たり前である。たとえば英国では、政府が中央銀行であるイングランド銀行（ＢＯＥ）にインフレ目標を与え、それを達成させることを契約条件として総裁を任命する。任期中に契約を守れず、インフレ目標が達成できなければ、続投のチャンスも得られない。

興味深いことにイングランド銀行では２０１３年７月、３００年余りの歴史で初めて外国人の総裁が就任する。カナダ銀行の総裁を務めたマーク・カーニー氏だ。

プロ野球の世界でいえば、打率の高い助っ人外国人を招き入れるようなものであろう。日本では外国人が日銀総裁に就任するなど考えられないことかもしれないが、物価を安定させてくれるのなら、国籍は問わないという英国人の懐の深さが感じられる。

外国人を招き入れるのは難しいとしても、責任を果たしてくれそうな優秀な人材を日銀の内外から積極的に受け入れることや、政府が物価目標を定め、目標達成の責任を日銀に持たせるための仕組み作りは不可欠ではないかと思う。後述する日銀法改正（１６８ページ参照）の実現などに期待したいところだ。

事業仕分けは結局なにをもたらしたのか？

◆政治主導のはずが、結局は官僚に敗れる

鳩山由紀夫政権（2009年9月〜2010年6月）発足からわずか2ヵ月後の2009年11月、民主党による政治主導発揮の場として、鳴り物入りでスタートしたのが「事業仕分け」だ。

もともと事業仕分けは、「構想日本」というシンクタンクが、地方自治体による事業の無駄を洗い出す取り組みとして2002年から行っていたものである。「税金の無駄遣いをなくす」ことをマニフェストに掲げて政権を勝ち取った民主党は、これを国の事業の見直しに利用しようと考え、鳩山政権発足と同時に事業仕分けを推進する行政刷新会議を立ち上げた。

仕分けの具体的な作業は、仕分けの対象として選んだ事業の担当職員を各省庁から呼び、

行政刷新会議議長が指名した国会議員や民間有識者、担当府省の副大臣・政務官からなる仕分け人（評価者）が質問や議論を行って、無駄な事業なのか否かを判定するというものであった。

外部の視点や意見を取り入れるだけでなく、公開の場で議論を行い、その内容をテレビやインターネットを通じて広く伝えようとしたのも特徴である。

計算速度世界一を目指して開発が進められていたスーパーコンピュータ「京《けい》」のプロジェクトが無駄な事業のひとつと判定され、その理由として仕分け人の蓮舫参議院議員が「世界一になる理由はなにがあるんでしょうか？　2位じゃ駄目なんでしょうか？」と発言したことは、またたく間に全国に広がった。「事業仕分け」という言葉自体が、2009年の新語・流行語大賞のひとつに選ばれたほどである。

仕分け会場が国立印刷局の体育館であったことから、官僚たちの間では「昔はボコボコにされるときに『体育館の裏に来い』といわれたが、いまでは『体育館のなかに来い』ということか」というジョークもささやかれた。

「政治ショー」としては非常に面白く、見応えもあったのだろう。第1弾の事業仕分けが終了した2009年11月下旬には、発足直後からやや低落していた鳩山政権の支持率が、わずかではあるが回復した。仕分け人に厳しく追及され、うなだれる官僚たちの様子がテレビ画面に映し出されたことは、民主党の狙いどおり、政治主導のイメージを存分にアピールしたに違いない。

だが、それが本当の意味で政治主導に結び付いたのかといえば、残念ながら結果は、「負けるふり」をした官僚の勝ちだったといわざるを得ない。

事業仕分けは、単なる「政治ショー」で終わってしまったのである。

◆評価するだけでなく、結果を出さなければなんの意味もない

民主党は事業仕分けを始めるにあたって、非常に幅広い分野の識者に仕分け人として参加することを呼びかけたようだ。

じつはわたし自身も、蓮舫議員から何度も参加要請を受けている。

だが、結局のところ、わたしは一度も事業仕分けには参加しなかった。

会議の場で事業の問題点を指摘することはいくらでもできるが、それが事業の廃止や見直し、予算削減といった結果に結び付くことはないと予想できたからだ。

わたしは蓮舫議員に「仕分けの内容は、すぐに閣議決定されるんでしょうね？」と何度も尋ねたが、彼女は言葉を濁すばかりであった。

閣議決定をすれば、大臣間の協議なので、仕分けに基づく処分は7〜8割の確率で実行されるはずである。

だが、仕分けレベルで話が終わってしまうのであれば、各省庁の下っ端レベルの役人が会議に呼び出されて追及されるだけなので、決まった内容は、上の立場の官僚らにいとも簡単にひっくり返されてしまう。

結果の出ない会議など、参加したいとは思わないし、そもそもやる意味がない。

結局のところ、事業仕分けなどマスコミや国民を喜ばせるためのパフォーマンスにすぎないのだと見抜いたわたしは、蓮舫議員の申し入れを丁重にお断りした。

◆「政治ショー」から単なる「お笑いショー」に

そもそも官僚たちは、降って湧いたような事業仕分けになんら強制力がないことに最初から気付いていた。

第一、事業仕分けを取り仕切る行政刷新会議自体が、法律ではなく、閣議決定によって設置された会議である。国会による承認を得ておらず、法律に基づかない会議など懇親会と変わりがなく、そこで話し合われる内容も、法律上根拠のない単なる参考意見にすぎない。

つまり、はじめから官僚たちに高をくくられるような成り立ちであったわけだが、民主党としては、マスコミの注目度もあるので、なるべく早く事業仕分けを立ち上げたかった。そこで、時間をかけて法律を作ってから会議を設置するのではなく、閣議決定で立ち上げることを選んでしまったのである。

「事業仕分けの評価など、無視しておけばいい」と官僚たちに見透かされた結果、2009年11月の事業仕分け第1弾で削減できると評価された予算額は、わずか7000億円程度にとどまった。

民主党のマニフェストでは、無駄の削減や予算の組み替えによって総額16・8兆円が捻出できるとしており、それを目玉政策であった「子ども手当」や「高速道路無料化」の財源とすることを考えていたのだが、目算が大きく狂ってしまったことになる。

また、第2弾以降の事業仕分けでは、第1弾で各省庁に無視された判定結果について、再仕分けが行われるという泥仕合も繰り広げられた。

仕分けした内容を速やかに閣議決定していれば、先述したように実行される確率が高まるので、わざわざ再仕分けなどしなくても済んだ話である。最終的に事業仕分けは、「政治ショー」から単なる「お笑いショー」に成り下がってしまった。

デフレを進行させた民主党の罪

◆できの悪い日銀総裁を選んだのがそもそもの失敗

日銀の白川方明《まさあき》総裁がいかにできの悪い中央銀行総裁であるかということはすでに述べたとおりだが、その白川氏を総裁に選んだのが、事実上、民主党であったことは忘れている人も多いのではないだろうか？

白川氏が日銀総裁に任命されたのは2008年4月のことであるが、福田康夫政権（2007年9月～2008年9月）は最初、日銀の副総裁を務めていた武藤敏郎氏を総裁に格上げすることを決定していた。ところが、武藤氏が元財務事務次官であったことから、当時野党第一党であった民主党が「財務省OBを日銀総裁にするとはけしからん」と猛反発。予算を人質として福田政権に人事の見直しを迫った。

このゴリ押しによって結局、日銀の生え抜きであった副総裁候補の白川氏が総裁に選任されることが決まってしまったのである。

民主党前政権の約3年3ヵ月は、日本がデフレを脱却できない状態で始まり、そのまま終わりを迎えたが、日銀総裁の選任を誤ってしまったのがそもそもの原因だといえる。

政治家は金融政策のプロではないのだから、せめて、しっかりとしたプロを見定めて雇わなければならない。米国のオバマ大統領だって自分がプロでないことを自覚しているかららこそ、ベン・バーナンキ氏という卓越した金融政策の専門家をＦＲＢ（米連邦準備制度理事会）議長に任命しているのである。

「脱官僚」を旗印に掲げて政権を奪った民主党だったが、政権の座に着いた途端、天下り斡旋禁止を骨抜きにして、大蔵省（現・財務省）元次官を日本郵政の社長にするなど、「脱・脱官僚」路線に転落したことはよく知られている。

にもかかわらず、なぜ日銀総裁人事では、あれほど激しく元財務官僚の任用に抵抗したのか？　はなはだ矛盾を感じずにはいられない。

◆雇用のためにデフレを克服するのが左派政党の常識

民主党が政権を勝ち取ったときは、国民の多くが「これで自民党政権時代よりはまともな世の中になる」と思ったはずだ。じつはわたしも、政権交代当初は、民主党が健全な左派政党として適切な政策運営をしてくれることを密かに期待していた。

とくに強い期待を抱いていたのが金融政策である。

欧州では、労働者を支持基盤とする左派政党は、雇用を維持するために物価を安定させることを中央銀行に要求するのが当たり前だ。失業率とインフレ率が逆相関関係にあることを示した「フィリップス曲線」（65ページ参照）が一般認識となっているからである。金融緩和によって適度なインフレに誘導すれば、支持基盤である労働者の雇用も守られるのだから、やらない手はないと考えているわけだ。

「連合」（日本労働組合総連合会）などの労働者団体を支持基盤とする民主党も、欧州左派政党のように、日銀に積極的な金融緩和を求め、それによって失業率を改善させる取り組みを行うべきだったのである。

ところが実際には、金融緩和を促すどころか、日銀のやりたいようにやらせるばかりで、デフレを放置し続ける結果を招いてしまった。民主党が雇用と物価の関係について無知であったことが、デフレの長期化を促したのだといえる。

かつてわたしは、民主党の勉強会において連合の古賀伸明会長に「金融緩和をすれば雇用が確保できる」ということを話したことがある。

古賀会長にとってはまったく初めての知識だったようで、非常に驚き、強い関心を示してくれた。ところがその後、官僚から横やりでも入れられたのか、いつの間にか話は立ち消えになってしまった。

第2次安倍晋三政権は、雇用と物価の関係に着目して積極的な金融緩和政策を推し進めようとしているが、本来であれば左派政党である民主党がやるべき政策だった。そのお株を自民党に奪われ、政権の座まで失ってしまったのは、なんとも皮肉な話である。

「世界一の借金大国」の裏に潜む真実

◆「アベノミクス」は1本の矢だけで十分

日本が抱える「国の借金」（債務残高）は、すでに2012年末時点で1000兆円を突破したことが確実だが、第2次安倍晋三政権はいわゆる「アベノミクス」として、積極的な金融緩和政策のほかに、景気浮揚のための大型財政出動を推進する見通しである。この先、「国の借金」がますます増え続けることは間違いないであろう。

日本のような変動相場制の国では、公共投資などの財政出動を行っても、ほとんど景気浮揚効果が期待できないことは「マンデル・フレミング理論」（60ページ参照）によって明らかにされている。ただし、金融緩和が十分であれば、マンデル・フレミング効果が効かず財政出動も有効だ。効用公共投資もコストベネフィット（費用と便益を比較した際の評価）のいいものだけをやれば問題ない。

また、安倍首相は「アベノミクス」のひとつとして、民間投資を喚起する成長戦略も掲げているが、官僚が描く成長戦略など、しょせん絵に描いた餅にすぎないことも、すでに述べたとおりである（22ページ参照）。

要するに、「アベノミクス」の3本の矢（金融緩和・財政出動・成長戦略）のうち、実質的に経済成長に資するのは金融緩和だけであって、財政政策はやり方次第、成長戦略は役立たずとなる可能性が高い。

おそらく、過去に積極的な公共投資を繰り広げてきた族議員たちとの駆け引きから、財政出動や成長戦略を盛り込まざるを得なかった事情もあるに違いない。

また、金融緩和によって雇用や所得が改善されるまでには、1年程度の時間がかかる。そのため、2013年夏の参院選を視野に入れて、持続性はないけれど即効性のある財政出動をあえて盛り込んだのだと見ることもできる。だが、本来であれば1本の矢（金融緩和）だけでも、十分な景気回復効果が期待できるのだ。

第2次安倍政権には、効果の期待できない財政出動はほどほどにして、コストベネフィットの高い財政支出をすることを提言したい。

◆隠された資産の規模もじつは世界一

ところで、「国の借金」が1000兆円を超えているのは事実ではあるが、これによって日本がギリシャのような破綻危機に陥り、日本国債や円の大暴落を招きかねないと警鐘を鳴らしている政治家や識者が非常に多い。はたしてこれは本当だろうか?

じつは、国家破綻論者たちの大半は「国の借金」ばかりに目を向けて、肝心なものを見落としている。それは、国が保有する資産だ。

日本政府が保有する資産は、土地や建物のほか、特殊法人や独立行政法人への貸付金および出資金、現預金などで構成され、その額は約650兆円にも及ぶ。

これほど多額の資産を保有している国は、世界中どこを探してもない。つまり、日本は「世界一の借金国」であると同時に、資産の規模も世界一なのである。

借金が約1000兆円あっても、約650兆円の資産を差し引けば、差額は約350兆円だ。「国の借金」の対GDP（国内総生産）比は2倍強であるが、350兆円なら0・6〜0・7倍程度まで下がることになる。これなら世界的に見て低い数字ではないが、突出して高いわけでもない。

もちろん、土地や建物などの資産はすぐには売却できないが、特殊法人や独立行政法人への貸付金および出資金など、数年以内に現金化が可能な資産だけでも300兆円以上に及んでいる。デフォルト（債務不履行）危機には十分に持ちこたえられるはずだ。

わたしがこの事実を発見したのは、1995年に財投改革の準備として特別会計のバランスシート（貸借対照表）を作成したことがきっかけだった（129ページ参照）。

企業経営者や経理・財務の担当者にとっては、バランスシートが借金（負債）と資産の対比によって構成されていることは常識中の常識であろう。

国家破綻論者たちは、バランスシートの片側（負債）だけを見て世論を煽っているにすぎないのである。

◆シロアリ退治をきちんとすれば、借金を減らせたはずだった

借金を減らすための有効な手段は、無駄な資産を整理・売却して、その分を借金の返済に回すことである。

国の財政に当てはめれば、官僚の天下り先としてしか機能していない特殊法人や独立行政法人をなくし、それらの法人に補給されている多額の貸付金や出資金を借金の返済に回すことによって、負債をかなり減額できる。政府が保有する資産のうち、特殊法人や独立行政法人への貸付金・出資金だけでも、じつに200兆円以上にも上るからだ。

しかし、天下り先を失いたくない財務省は、「国の借金」が増え続けていることばかりを国民に強烈にアピールして、資産の内訳については積極的な情報公開を避けてきた。国家破綻論者たちは、財務省のキャンペーンにまんまとはまって「借金を減らすには消費税増税しかない」という間違った方向に政治家や世論を導いてしまったのである。

野田佳彦前首相は２００９年の総選挙で、天下り法人をなくし、天下りを根絶することを「シロアリ退治」と称して自らの政治目標のひとつに掲げ、「シロアリ退治から始めなければ、消費税を上げるのはおかしい」とさえいっていたが、政権を握った途端、そのことはすっかり忘れたかのように消費税増税に邁進した。

約束どおり野田前首相がシロアリ退治をきちんとやっていれば、国の借金はもう少し減らすことができたはずだ。

民主党前政権をめぐっては、「子ども手当」をはじめとするバラマキが財政赤字を膨らませてしまったという批判が多いが、「脱官僚」から「脱・脱官僚」へと態度を豹変させてしまったことも、「国の借金」をますます増大させる要因になったといえる。

２００６年に公務員制度改革（１０４ページ参照）を推進した安倍晋三首相が政権に返り咲いたわけだが、これによっていよいよシロアリ退治が実行されるのかどうか、注目したいところである。

ほとんど無意味だった民主党の「新成長戦略」

◆国の支援を受けて成長した産業は存在しない？

「20年に及ぶデフレから日本を脱却させたい」という考えのもと、菅直人政権（２０１０年６月～２０１１年９月）の発足直後の２０１０年６月に閣議決定したのが「新成長戦略」であった。

「強い経済」「強い財政」「強い社会保障」の３つを実現するため、経済成長率の回復とデフレの脱却、失業率の低下を目指すことが目標として掲げられた。

具体的には、過去10年間で実質１％程度にとどまっていた経済成長率を２０２０年までの年平均で実質２％以上、名目３％以上に引き上げ、２０１１年度中にデフレを脱却して消費者物価上昇率をプラスにすること、５％台で高止まりしていた失業率を早期に３％台に低下させることを目標としていた。

目標そのものについては、わたしもさほど大きな異論はない。問題は、それを実現するために、成長戦略というまったく効果の期待できない方法を選んでしまったことである。官僚が描いた成長戦略など、しょせん絵に描いた餅にすぎないことは何度も繰り返し述べてきたが、いちおう、新成長戦略を構成する7つの戦略分野とそれぞれの主なプロジェクトを説明すると、次のようになる。

①グリーン・イノベーション（環境・エネルギー）
●「固定価格買取制度」の導入等による再生可能エネルギーの急拡大
●「環境未来都市」構想
●森林・林業再生プラン
②ライフ・イノベーション（健康・医療・介護）
●医療の実用化促進のための医療機関の選定制度等
●国際医療交流（外国人患者の受け入れ）
③アジア
●パッケージ型インフラ海外展開

●法人実効税率引き下げとアジア拠点化の推進等
●グローバル人材の育成と高度人材の受け入れ拡大

④**観光・地域**

●「総合特区制度」の創設と徹底したオープンスカイの推進等
●「訪日外国人3000万人プログラム」と「休暇取得の分散化」
●中古住宅・リフォーム市場の倍増等

⑤**科学・技術・情報通信**

●「リーディング大学院」構想等による国際競争力強化と人材育成
●情報通信技術の利活用の促進

⑥**雇用・人材**

●幼保一体化等
●「キャリア段位」制度とパーソナル・サポート制度の導入

⑦**金融**

●総合的な取引所（証券・金融・商品）の創設を推進

これらのうち、評価に値するのは、外国資本を呼び込む効果が期待できる「法人実効税率引き下げ」や、航空業界の規制緩和に結び付く「オープンスカイの推進」など、ごく限られたプロジェクトだけだ。市場の開放や競争を促すための環境作りは、むしろ積極的に行うべきだと思う。

だが、特定産業をテコ入れするための支援策や、成長産業の育成策といったものは、まったく効果が期待できない。ビジネスのプロでもない官僚たちが、将来の成長産業を見定めることなどできるはずがないからである。

実際、戦後以来の歴史を振り返ってみても、国から支援を受けて成長を果たした産業など、ひとつも存在しないのではないだろうか？

日本経済の牽引役である自動車産業や、近年海外で人気が高いマンガやアニメーションなどのコンテンツ産業は、国からの支援をほとんど受けずに育ってきた産業である。過保護に育てられなかったからこそ、むしろ国際競争力を蓄え、世界にはばたくことができたのだといえる。

対照的に、戦後から「護送船団方式」によって守られてきた金融業界は、資金運用能力や営業力、サービス力など、あらゆる点において海外勢の後塵を拝している。

新成長戦略では、具体的な経済効果として、創出される需要が123兆円、雇用が499万人と試算しているが、これを単純に割ればひとり当たり約2500万円の〝収入〟が得られることになる。そんなに将来性があることを事前に予想できるのなら、なぜ官僚自身がその業界に転職しようと考えないのであろうか。この点だけを考えても、成長戦略などというものは、官僚たちが適当に作り上げた絵空事にすぎないことがわかる。

◆目標を達成させるには、金融緩和の方がよっぽど有効

わたしが政策担当者を務めた小泉純一郎政権（2001年4月~2006年9月）は、構造改革や規制緩和こそ積極的に押し進めたものの、成長戦略のたぐいは一切行わなかった。

じつは、当時の政府幹部から「成長戦略を考えてほしい」と要請を受けたことはあったのだが、「どの分野の産業が成長するのかなんて、わたしにはまったく予想できません」

と正直にいって、申し入れを断っている。

成長戦略に取り組まなかったにもかかわらず、小泉政権の時代にはまずまずの経済成長を遂げている。構造改革や規制緩和と同時に、積極的な金融緩和を推し進めたことが功を奏したのである。

菅政権が新成長戦略で掲げた成長率や物価上昇率、失業率などの目標は、どれも金融緩和さえ積極的に行えば実現可能な目標ばかりだ。目標は間違ってはいないが、採るべき方法を誤ったということになる。

成長率が高まればＧＤＰ（国内総生産）が拡大する。経済のパイが大きくなれば取り分が増えるので、多少のデコボコはあっても各産業がまんべんなく成長できるはずだ。その意味でも、成長戦略より金融緩和の方がよっぽど効果的だといえる。

日銀法改正はなぜ論議の的になっているのか？

◆「目標の独立性」が与えられているのは日銀だけ

安倍晋三首相は２０１２年12月に政権に返り咲いた直後に、日銀に対して２％のインフレ目標を設定することを求め、受け入れなければ日銀法（日本銀行法）改正に踏み切る考えを表明した。

首相はなぜ法改正を日銀への要求の切り札としたのか？

それを理解するには、そもそも現在の日銀法がどのような内容になっているのかを知っておく必要があるだろう。

現在の日銀法は１９９８年に改正されている。

このときの改正のポイントは、財政政策と金融政策を分離し、日銀が政府から完全に独立した立場で自ら目標を定め、独自に金融政策を実行できるようにすることだった。

つまり、現行法のままでは、政府が日銀に対してインフレ目標の設定を要求しても、日銀は自らの独立性を盾として聞き入れない可能性がある。

そこで安倍首相は、政府の要求を受け入れないのであれば、法律を修正して日銀の独立性を奪ってしまい、有無をいわさず政府が定めるインフレ目標に沿って金融政策を行わせるようにすると表明したのである。

この発言について、「中央銀行を政府の思うままに動かそうとするのは行き過ぎだ」といった批判もあるようだが、じつは、日本のように政府が中央銀行に対してインフレ目標を強制できない状態の方が、世界的に見ると異常なのである。

そもそも、中央銀行の独立性については、大きな誤解があるようだ。

一般に海外では､中央銀行の独立性とは「手段の独立性」のことを指す。これに対して、現在の日銀が日銀法で守られているのは「手段と目標の独立性」だ。

海外では、インフレ目標など金融政策の目標は政府が決め、それをどのような手段（金融政策）で実現するかは中央銀行に一任する。これが「手段の独立性」だ。

一方、日銀の場合は、「手段の独立性」だけでなく「目標の独立性」も与えられているので、自分たちの思うままにインフレ目標を決めることができる。

なぜ海外では中央銀行に「目標の独立性」が与えられていないかといえば、政府が全体的な経済政策を進めるうえで、金融政策のコントロールが非常に重要であるということが十分に認識されているからだ。

◆日銀が「共同声明」に沿って金融緩和を進めるかどうかに注目

たとえば、繰り返し述べてきたように、インフレ率と失業率は逆相関関係にあるので、雇用を安定化させるには、インフレ目標を定めて物価を誘導することが不可欠である。

政府としては、なるべく失業を減らしたいが、自分たちが打てる手は公共投資などの財政出動に限られている。

しかも「マンデル・フレミング理論」に照らし合わせれば、財政出動の効果は非常に限定的であることがわかっている。つまり、金融政策をコントロールする以外に、抜本的な手立てはないわけだ。

だからこそ、金融政策の目標は政府が決め、「手段の独立性」だけを中央銀行に与えるという役割分担がなされているのである。

一方、日銀の場合、「目標と手段の独立性」が与えられているだけでなく、海外の中央銀行と違って、雇用の安定に対する責任も負っていない。つまり、失業率を下げるためにインフレ目標を定めて達成させようとするモチベーションが働かないのだ。

日銀が雇用に対して全面的な責任を負うのは当然のこととして、さらに、政府が要求する目標を黙って受け入れるように日銀法を改正すべきである。

日銀は政府との「共同声明」によって2％のインフレ目標を達成させることを決定したが、声明に沿って積極的な金融緩和に取り組まなければ、安倍首相はいよいよ日銀法改正という〝伝家の宝刀〟を抜くことになるだろう。

第五章

失敗の歴史を逆転させよ！

日本経済の大問題はこれで解決

「円高対策」日銀の国債引き受けは「禁じ手」などではない！

◆年間30兆円程度の引き受け余地はある

日銀は第2次安倍晋三政権が掲げる「2％のインフレ目標」を受け入れたが、それをどのように達成させるかは、「手段の独立性」を持っている日銀自身が決めることになる。しかし、これまでのような中途半端な量的緩和では、目標をクリアするのは難しいだろう。かなり思い切った取り組みが求められるはずだ。

ＦＲＢ（米連邦準備制度理事会）は２０１２年12月、失業率が６・５％を下回るまでは、現在の実質的なゼロ金利政策を継続することを決定した。

これは量的緩和をさらに強めることを意味するものであり、日銀がＦＲＢを上回るような取り組みを見せなければ、ドルの供給量に対する円の供給量が相対的に減って、再び円高圧力がかかる可能性もある。

もっとも、米国の失業率はすでに7％台まで回復しており、それを6・5％まで下げるのに刷らなければならないドルの量は、さほど多くはない。一方、日銀はマイナスの物価上昇率を2％まで引き上げなければならないが、「フィリップス曲線」をもとに考えると、日銀は目標を達成するためにFRBを上回る勢いで輪転機を回す必要がある。

つまり、2％のインフレ目標が達成されるまで円を刷り続ければ、円高を回避して、円安基調を持続させることは十分に可能だということだ。

日銀が円を大量に刷るための手段として考慮すべきなのは、国債の引き受けだ。

「日銀による国債引き受けは、金融政策の禁じ手である」などと、まことしやかに語られることが多いが、これは日銀が自分たちで勝手にいっているだけの話で、なんの根拠もない。事実、日銀は2011年度に約12兆円、2012年度には約17兆円の国債を引き受けている。

実績がありながら「禁じ手」だと言い張るのは、政府の要求に屈して国債を引き受けることは日銀の「独立性」に反するという、安っぽいプライドを持っているからだ。体裁を保つために表向きは「禁じ手」だといっているが、実際にはごく当たり前に引き受けが行われているのである。

わたしが第1次安倍晋三政権（２００６年9月～２００７年9月）で経済政策に携わったときなどは、日銀に約23兆円の国債を引き受けさせた結果、およそ1年間で１ドル約１１５円から約１２０円まで円安が進み、日経平均株価も一時１万８０００円台まで上昇している。日銀引き受けが円安・株高への誘導に効果的であることは立証済みだ。

国債の発行額は年間１５０兆～１６０兆円だが、このうち１～2割程度を日銀が引き受けるだけなら経済、財政規律に悪影響を及ぼすこともない。つまり、年間30兆円ぐらいは引き受けの余地があるということだ。

引き受けに加え、買いオペで日銀がバランスシートを膨らませれば、半年から1年後には、１ドル１００円台まで円安が進むことになるだろう。

「復興費用対策」増税はすぐにやめて「100年復興国債」を発行せよ

◆円高対策とセットで取り組むチャンスもあったのだが……

2013年1月から復興増税が実施されたが、その導入決定に至るまでのプロセスや与野党の合意形成は驚くほど迅速であった。

東日本大震災の発生からわずか2日後には、当時の菅直人首相と谷垣禎一自民党総裁が、復興増税についての最初の話し合いを行っている。

2日後といえば、まだ現場では、生存率が著しく低下するとされる「72時間」のタイムリミットと戦いながら、膨大な数の行方不明者の捜索や被災者の救助・救援活動が繰り広げられていた時期である。

本来なら捜索や救助・救援対策に全力を注ぐべきはずなのに、なぜ国のトップたちが増税について話す必要があったのか、わたしにはまったく理解できない。

もっと知恵を絞れば、増税以外にも復興費用をひねり出すアイデアはいくらでもあったはずだ。わたしなら復興のための国債を発行して、その全額を日銀に引き受けさせる方法を考えたかもしれない。復興費用は約19兆円といわれているが、前項でも解説したように、そのくらいの金額であれば日銀には十分な引き受け余地がある。国民に負担をかける必要がなくなり、引き受けによって円高が是正されるのであれば一石二鳥だ。

そうした知識や柔軟な発想を持たない政治家たちが取り仕切っていることが、日本という国を不幸にしている根本的な原因なのかもしれない。

◆復興増税と消費税増税のダブルパンチで復興が遅れる可能性も

いずれにしても、震災からわずか半年という猛スピードで復興増税は決定した。

所得税については2013年1月から25年間にわたり納税額に2・1%が上乗せされ、個人住民税については年収に関係なく10年間にわたり、一律年間1000円が増税されることになる。

だが、序章でも述べたように、この方法では震災を経験した世代だけが過分な負担を負うことになるので、不公平な制度であるといわざるを得ない。

今回の震災が「100年に一度」のものであるとすれば、将来世代も含めて100年がかりで均等に費用を負担するようにするのが望ましい。

そこで第2次安倍政権に提案したいのが、復興増税をただちにやめて、代わりに「100年復興国債」を発行することである。

こうすれば、25年間もかけて税金を集めるのと違って、必要なお金が一気に調達できるので、その分、復興のスピードも格段に速まるはずだ。しかも、償還期間を100年と長くすれば、将来世代も負担を共有することになるので、震災を経験した世代だけが不公平になることはない。

逆に復興増税を続けた場合、予定されている消費増税とのダブルパンチで経済回復が遅れ、復興も足踏みする可能性もある。

「TPP交渉」

自由貿易は推進した方が絶対に有利

◆農業が損をしても所得移転で国全体が潤う

第2次安倍晋三政権の発足によって、日本がTPP（環太平洋パートナーシップ協定）加盟交渉に参加するかどうかの見通しは混沌としてきた。

安倍首相は国益重視を掲げ、「聖域なき関税撤廃を前提にする限り交渉参加には反対」すると表明しているが、経団連をはじめとする財界は、自由貿易によって製品輸出が拡大する可能性があることから交渉参加を要求。他方、農業界は、自由化によって外国産の安価な農産品が流入すれば、国内農業が壊滅的打撃を受けるとして猛反対してきた。

どちらの要求を取り入れれば、より国益を重視することになるのかを判定するのは難しいし、いずれも重要であるふたつの支持基盤の要求が分かれているのは、自民党にとって非常に悩ましいことであろう。

だが、すでに予想されている経済効果を考えれば、TPP交渉に参加しないのはデメリット以外のなにものでもない。

政府はこれまで、日本がTPPに参加した場合の経済効果や損失について、さまざまな試算を発表してきた。農業団体に権益のある農林水産省は、参加した場合に農業および関連産業のGDP（国内総生産）にもたらされる損失額は7・9兆円に上ると発表。一方、財界の意見を代弁する経済産業省は、TPPに参加しなかった場合の輸出産業のGDP損失額は10・5兆円に及ぶと試算している。

もっともこれらの数値は、ふたつの省がそれぞれの身内の産業を守るために試算したもののなので、客観性に欠けていることは否めない。そこで、いずれの産業にもしがらみのない内閣府が世界の標準モデルに基づいて試算をしたところ、TPP参加による経済効果はGDPベースで2・4兆〜3・2兆円となった。

要するに、農業で損失が出たとしても、それを2兆〜3兆円も上回る製品輸出の利益が見込めるということだ。

国全体の経済がプラスになるのなら、参加しないよりも、した方がいいに決まっている。農業の損失は、補償などの所得移転によって十分穴埋めできるからである。

参加交渉を重ねる一方で、合意内容に応じた所得移転の仕組みを作れば、農業界にも、財界にも満足してもらえるような結果が得られるはずだ。どちらの支持基盤も大事にしたい自民党にとって、理想的な解決策ではないだろうか。


そもそもTPPのような自由貿易体制には、参加するすべての国にメリットがもたらされる効果がある。モノの取引が自由になれば、各国はなるべく付加価値の高い製品を海外に輸出しようとする。自由化によって低付加価値の製品が国内に押し寄せても、高付加価値製品を積極的に送り出せば、結果としてプラスになるのだ。この効果は、過去200年に及ぶ経済史において証明されており、例外はひとつもないといっていい。

その意味でも、安倍政権がTPP交渉参加をためらう理由はない。TPPに限らず、日中韓FTAでもASEANプラスでも、積極的に交渉を推し進めるべきだ。

「デフレ脱却」2％のインフレ目標をなにがなんでも達成させる

◆デフレも円高も、円の供給量が少ないことが原因

すでに何度も述べてきたとおり、デフレ脱却のためには、積極的な金融緩和を推し進める以外に方法はない。

安倍晋三首相が、「アベノミクス」の３本の矢の１本として掲げる２％のインフレ目標の達成に全力を注ぐことが大切だ。

デフレも、円高も、つまるところは円の供給量が少なすぎることが原因だ。

ドルに対して相対的に供給量が少ないから円の価値が上がり（円高）、モノに対しては、円の量が少ないから相対的にモノの価値が下がるのである（デフレ）。

今日のように、世の中の生産力が向上すると、モノの量は飛躍的に増加する。しかも景気が悪くなって需要が減っても、生産能力は極端に減らすことができないので、どうして

もモノ余りが生じてしまう。そうなると、円の供給量に比べてモノの量はどんどん多くなってしまい、デフレに拍車が掛かることになる。

そうした状況から脱却するには、とにかく円の供給量を増やさなければならない。

◆スウェーデンに学んで、積極的な金融緩和を推し進めよ

デフレがなぜ悪いのかといえば、95ページでも解説したように実質金利（名目金利－物価予想値）が高くなるからだ。たとえ名目金利がゼロでも、先々の物価がマイナスと予想されるなら実質金利は高くなり、設備投資や消費は減退する。その結果、企業業績は悪化して、雇用機会や賃金を減らすことになってしまう。

だからこそ、「フィリップス曲線」（65ページ参照）に示されるように、インフレ率と失業率は逆相関の関係になるのである。

欧州各国の左派政党は、雇用安定のため、中央銀行に対して積極的な金融緩和政策を要求する傾向があるが、それが顕著なのがスウェーデンだ。

スウェーデンは高福祉国家として知られているが、じつは金融政策も非常にアグレッシブである。２００８年リーマン・ショックのとき、スウェーデンの中央銀行はユーロ圏よりも激しく、かつスピーディに金融緩和を行った結果、いち早く危機から立ち直ることができた。

なぜスウェーデンが金融緩和に積極的なのかといえば、雇用が安定するだけでなく、経済成長を促すことにとって税収が安定的に確保できるようになり、高福祉が維持しやすくなることを理解しているからである。だからこそ、スウェーデンはユーロに加盟していない。ユーロ圏の国々の金融政策は欧州中央銀行（ＥＣＢ）が行っているが、スウェーデン独自の金融政策を機動的に行えるようにするためだ。

日本もスウェーデンに学んで積極的な金融緩和を推し進めれば、失業率の改善はもとより、増え続ける社会保障給付費の負担も緩和できるかもしれない。

「成長戦略との決別」規制緩和と金融緩和だけで十分

◆産業政策が求められているのは途上国だけ

「アベノミクス」の3本の矢のうち、もっとも効果が期待できそうもないのが「成長戦略」である。

民主党前政権（2009年9月〜2012年12月）の「新成長戦略」に限らず、戦後のいくつかの政権は、それぞれの時代を反映した成長戦略を掲げてきた。

たとえば森喜朗政権（2000年4月〜2001年4月）は、当時、世界的なIT革命が始まったことから、超高速インターネット網の整備や電子政府の実現、電子商取引を促すための規制緩和、IT社会に向けた人材育成の4つを柱とする「IT国家戦略」を発表している。

実際に戦略の効果がどれだけ表れたのかを判定するのは難しいが、少なくとも4つの柱のうち「超高速インターネット網の整備」ひとつを取っても、当時の技術がせいぜいADSL（非対称デジタル加入者線）の域を出ておらず、今日のように無線LANやLTEが普及することも予見できていなかったのだから、さほどの効果は得られなかったとみなすべきではないだろうか。

このように、技術やサービスの革新が目まぐるしい現代においては、10年後、20年後の成長産業を予想することなど、ほとんど不可能である。

ましてや、ビジネス経験もビジネスセンスもない官僚が作った成長戦略など、当たるはずがないというのがわたしの意見——というより、先進国の常識だ。

絵に描いた餅にすぎない成長戦略を策定するくらいなら、むしろ市場の開放や競争を促すための規制緩和を推し進めるべきだろう。

そもそも、日本のように行政が産業に対して過分に関与する国は、先進国にはほとんど存在しない。経済産業省などは、日本の「産業政策」のことを英語で「Industrial Policy」と言い表しているが、英語表現としては奇妙な言葉だ。欧米の国々には産業政策に当たるものがないので、適切な言葉すら存在しないのである。

もっとも、日本以外にも産業政策を行っている国がまったくないわけではないが、その大半はアジアやアフリカなどの途上国で、先進国では政治家の利益誘導との批判が多い。途上国の場合、生産やサービスに必要な技術、人材、資本が著しく不足している産業が多いため、ある程度、保護せざるを得ない。日本の場合も、戦後からしばらくの間はそうした時代があったわけだが、すでに先進国となって久しい今日においても産業政策や成長戦略を続けているのは、時代遅れといわざるを得ないだろう。

安倍首相には、成長戦略をやめる代わりに、小泉純一郎政権（2001年4月～2006年9月）時代のように構造改革や規制緩和を積極的に推し進めることを提言したい。

それと同時に、「アベノミクス」のなかでもっとも有効な政策である金融緩和を推進すれば、経済全体の成長と共に、各産業に分け与えられるパイも広がるはずだ。

「年金問題」
国税庁と年金機構を一体化して「歳入庁」を立ち上げよ

◆長い目で見れば「積立方式」への転換が望ましい

「公的年金はやがて破綻する」といった話が、巷間まことしやかに語られている。なにをもって〝破綻〟と定義するのかにもよるが、資金が枯渇して年金が支払われなくなることを心配しているのであれば、それはまずあり得ない。

というのも、公的年金は、保険料を積み立てることによって、将来自分が受け取れる年金の原資を蓄える「積立方式」ではなく、現役世代が支払った保険料を年金受給者に分け与える「賦課方式」を採用しているからだ。

賦課方式では積立金がほとんど必要ない。仮に積立金が減っても、現役世代から徴収する保険料を少し増やしたり、支払う年金の額を少し減額したりすれば帳尻が合うので、すぐさま年金が破綻することはないのだ。

ちなみに賦課方式は、日本独自の仕組みではなく、世界のほとんどの国の公的年金制度で採用されている。

このように、積み立てた年金を食いつぶす心配が少ないのが賦課方式のメリットではあるが、一方でデメリットもある。

現役世代から保険料を集めて、それをお年寄りに配るのであるから、お年寄りの人口が増えて、現役世代の人口が減れば、その分、保険料負担は重くなってしまうのだ。

日本のように人口減少が進んでいる国では、保険料負担の世代間不公平はますます大きくなる。これを解消するには、賦課方式から積立方式へと、段階的に制度を切り替えていくことが望ましい。

◆保険料の未納をなくせば軽く15兆円が捻出できる

もっとも、長年にわたって定着した賦課方式を一気に積立方式に切り替えようとすれば大混乱が生じる。実現させるにしても、100年スパンでじっくり時間をかけて取り組んでいかなければならない。

当面の策として、年金の原資不足を補うために有効なのは、保険料の未納を減らすことだ。欧米では、年金をはじめとする社会保険料の徴収は税務署が行っており、未納については税金と同じように追徴課税や差し押さえなどの強制措置を執行している。日本でも同じような仕組みを採用すれば、軽く15兆円程度は保険料収入と税収が上がるはずである。

そのためには、日本年金機構も国税庁と同じように保険料未納者に対して強制措置を執行できるような制度を作るのが有効だ。保険料と税金の徴収を一括管理するため、年金機構と国税庁を一体化した「歳入庁」を作るのもひとつの方法であろう。

世論やマスコミからは評判が悪いが、国民一人ひとりの預金や保険料、税金などを一括管理できる国民番号制度を導入することも、取り逃しをなくすための有効策である。これを実現してこそ、本当の意味での「社会保障と税の一体改革」となるはずだ。

「産業空洞化対策」円安がこのまま進めば簡単に解消される

◆金融政策こそが空洞化を防ぐ最大の特効薬

東日本大震災が発生して以来、日本企業が海外に生産拠点を移転させる「産業の空洞化」の動きは加速しているようだ。原発事故をきっかけとして国内の電力不足が深刻となり、比較的安定した電力供給が見込める海外に生産を移そうとする傾向が強まったことも理由のひとつだろう。

だが、企業が海外シフトを加速させている最大の原因は、なんといっても円高だ。

東日本大震災が発生した2011年3月以降のドル円相場は、半年間で1ドル81円台から76円台まで5円近くも急騰している。

地震によって国内生産が大打撃を受け、経済に著しい悪影響を及ぼしたのだから、本来なら円が暴落してもなんの不思議もなかった。

にもかかわらず、円が下がるどころか急騰したのは、米国をはじめとする海外が積極的な金融緩和を進めているのに、日銀がほとんどなんの手も講じなかったからである。

ただでさえ、海外メーカーとの厳しい価格競争にさらされている国内製造業にとって、わずか半年間で5円もの円高は深刻な打撃だ。電力不足以上に、為替変動が産業の空洞化を促したことは想像に難くない。

空洞化を食い止めるには、とにかく円安に誘導するしかない。

安倍晋三首相が進める金融緩和策によって、今後も円安基調が持続するかどうかが大きなポイントだ。2012年12月の政権交代直前から進行した円安は〝期待相場〟の域を出ていないが、公約どおりに安倍首相が日銀に金融緩和を実行させ、その成果が表れれば、円安基調は定着するのではないかと見ている。

◆安倍首相の執念が円安の継続を実現させる？

安倍首相は、なにがなんでも早い時期に円安とデフレ脱却を実現させ、国民の信頼を勝ち取りたいと考えているはずだ。なぜなら、2013年夏の参院選で圧勝することを当面の目標としていると思われるからである。

すでに自民党は2012年12月の総選挙で単独過半数を獲得しており、参院選でも圧勝すれば、衆参ともに盤石な体制ができ上がる。憲法改正をはじめ、「国のあり方そのものを変えたい」という思いが強い安倍首相にとって、それを実現できる国会の体制作りは当面の最優先課題であるといえる。

しかも、2013年夏に行われる参院選は、6年前に選ばれた参院議員の改選である。6年前の参院選とは、第1次安倍政権が大方の予想に反して大惨敗を喫した選挙だ。悔しい思いをした安倍首相は、個人的にもリベンジを果たしたいと考えているに違いない。その執念によって円安の継続と早期デフレ脱却が実現することを期待したい。

「所得向上策」「デフレスパイラル」からの脱却を図れ

◆ＧＤＰを増やせば、おのずと所得も上がる

「失われた20年」の間、国民の所得が下がり続けたのは、ＧＤＰ（国民総生産）が伸び悩んだからにほかならない。ＧＤＰを増やせば、所得を向上させることもできる。

そのためには、デフレを脱却することが唯一の処方箋だ。

インフレに誘導することで実質金利を下げれば、設備投資や消費が喚起されてＧＤＰが拡大する。そうなれば、特定業種だけでなく、日本経済全体がまんべんなく大きくなるので、国民全体の所得を底上げすることに結び付くのである。

もっとも、デフレ脱却の効果が雇用や賃金に反映されるようになるまでには、１～３年程度のタイムラグがある。最初の半年で株価や企業業績に改善効果が表れ、次の半年で国

民生活にも恩恵がもたらされるようになるのが一般的だ。

安倍首相は、国民生活への効果が明確に表れるようになるまで、気を抜くことなく日銀に金融緩和を継続させるべきだろう。

◆デフレと人口減少にはなんの関係性もない

ところで、日本が人口減少時代に突入して以来、人口減少がデフレの大きな原因であるかのように語る人々も現れた。

これが事実であるとすれば、出生率が改善でもされない限り、日本はいつまで経ってもデフレから脱却できないことになってしまうが、果たして本当だろうか?

結論からいえば、デフレと人口減少にはなんの関係性もないことがわかっている。

世界の約180ヵ国をサンプルに、10年間の人口増加率の平均と、インフレ率の平均を見比べてみたところ、人口が伸びているのにインフレが落ち着いている国もあれば、人口はさほど増えていないのに物価が急激に上がっている国もあった。つまり、まったく相関性が見られなかったのだ。
ちなみに、日本と同じように人口が減少している国は世界に十数ヵ国あるが、デフレになっている国は、日本以外にひとつもない。
デフレの原因として人口減少を持ち出すことが、いかに根拠のない議論であるかがわかるだろう。

一方、インフレ率と通貨の供給量については、人口増加率との関係に比べてはるかに相関性が高いことが明らかになっている。インフレ率と人口増加率の相関係数（数値が1に近いほど相関性が高い）は0・1程度だが、インフレ率と通貨供給量の場合は0・7だ。デフレを解消するには、人口対策よりも、金融緩和を推進した方がはるかに効果的であるといえる。

安倍首相には、途中でぶれることなく、積極的な金融緩和に取り組んでもらいたい。

「公務員制度改革」
夏の参院選で自民党が勝利できるかがカギ

◆手始めに天下り斡旋禁止の復活から着手する？

第1次安倍晋三政権（2006年9月〜2007年9月）と福田康夫政権（2007年9月〜2008年9月）の時代に成立した「公務員制度改革」法案が、民主党前政権（2009年9月〜2012年12月）によって骨抜きにされてしまった経緯は、第三章（104ページ参照）で詳しく述べたとおりである。

「国のあり方を変えたい」という思いが強い安倍首相は、第1次政権時代に公務員制度改革に熱心に取り組んだ経緯がある。官僚たちの猛烈な反発や抵抗を振り切って「天下り斡旋禁止」を決定したことは、歴史に残る出来事といっても過言ではなく、安倍首相自身も会心の成果であったと満足していたはずだ。

それが民主党政権によっていとも簡単にひっくり返されてしまったのだから、安倍首相は「必ずや公務員制度改革を復活させたい」とリベンジを目論んでいるに違いない。

だが、実際に制度改革に踏み切るまでには、それなりの時間が必要だろう。

制度改革に対する官僚たちの抵抗は想像を絶するものがある。執拗な抵抗を振り切って改革を押し通すためには、圧倒的な民意に支えられて、政権基盤をしっかりと固めることが求められるからである。

第１次安倍政権が、天下り斡旋禁止を盛り込んだ「改正国家公務員法」を成立させることができたのは、２００５年の「郵政解散・総選挙」で自民党が２９６議席という圧倒的過半数を獲得し、参院でも過半数を制していたからだ。

つまり、当時は政権基盤が非常に盤石だったので、民意を盾にして改革を推し進めることも比較的容易であった。

それでも官僚たちの抵抗はあまりにも激しく、官僚との軋轢《あつれき》が、第１次安倍政権を早期退陣に追い込んだ原因のひとつではないかともいわれている。
ことほど左様に、政治家が官僚たちとガチンコで戦うためには、恐ろしいほどのエネルギーが要るのである。

２０１２年12月の総選挙で、自民党は２９４議席と圧倒的過半数を獲得したものの、２０１３年夏の参院選で勝利できなければ、衆参が〝ねじれ現象〟に陥る可能性もある。安倍首相としては、当面はなにがなんでも参院選に圧勝することが至上命題のはずだ。そして、目論みどおり参院選に圧勝することができれば、ようやく本腰を入れて公務員制度改革のリベンジに取り組むことになるのかもしれない。

公務員制度改革は、「入り口」（公務員の採用）、「中間」（人事評価・異動など）、「出口」（天下り斡旋禁止）のフルパッケージで取り組むべきだが、自民党が参院選で勝利すれば、安倍首相はひとまず、天下り斡旋禁止の復活から着手するのではないだろうか。
わたしも第１次安倍政権で公務員制度改革に直接携わったひとりであるので、今後の取り組みに大いに期待したいところだ。

「道州制」
消費税の地方税化から始めよ

◆地方への財源移譲が分権を加速させる

「国のあり方を変える」ことを目指す安倍晋三首相は、かねてから「道州制」の実現についても前向きな考えを示してきた。

第1次安倍政権（2006年9月～2007年9月）では、自らの選挙区である中国地方の山陽地方と山陰地方の格差を例に挙げながら道州制の推進を公約し、担当大臣も置いている。

また、国と地方による道路や河川などの二重行政をなくすため、第1次安倍政権が地方分権改革推進委員会で具体的な方向性を打ち出したことも、小さいながらも道州制実現に向けた重要な一歩であったといえる。

もっとも、道州制を実現させるためには、気が遠くなるほど膨大な数の法律や制度を整備する必要があり、5年や10年で果たせるものではない。

既存の法律や制度をひとつずつ丹念に見直しながら、辛抱強く取り組んでいかなければならないだろう。


地方分権を進めるためには、中央に集中している財源を積極的に地方に移譲していくことも大切だ。現在は、中央省庁が地方行政のための財源の多くを握り、地方ごとのニーズをきちんと考慮しないまま、お金の配分や用途の指定を行っている。

各省庁にとって利権の多い地方により多くのお金が回され、そうでない地方は割り当てが減らされるという不公平も生じている。

そうした問題を解消して、それぞれの地方が、必要なプロジェクトに、必要なお金を、自分たちが思うように投入できるようにすることが望ましい。

もちろん、予算を自分たちで管理するようになれば、管理責任まで地方が負うことになるが、そうした自己責任意識が形成されることによって、地方分権の土台は少しずつ築き上げられていくはずだ。

地方への財源移譲を促す手段として提案したいのが、消費税の地方税化である。

民主党前政権は、社会保障給付費の財源を確保する狙いで消費税増税を決定したが、じつは消費税は、地方行政の財源として用いる方が相性がよい。

なぜなら、消費税は所得税に比べると地域間の税収のばらつきが少なく、景気が冷え込んでも、所得税ほど大きく税収が減ることはないからだ。

消費税増税は自公民の3党合意による決定事項なので、第2次安倍政権も社会保障給付費の財源とすることを既定路線としているが、ぜひ地方税化についても検討してもらいたいものだ。

おわりに

第2次安倍晋三政権は、発足から約3週間後の支持率が68％（読売新聞社の世論調査）と好調な滑り出しを見せている。「アベノミクス」が好感されて、円安と株高が着実に進行していることが評価されているのだろう。

だが、安倍首相が訴える「デフレ脱却」への取り組みは始まったばかりだ。

日銀が政府との「共同声明」に沿って、2％のインフレ目標を達成させるために本腰を入れて金融緩和を推し進めなければ、市場はたちどころに失望して、為替や株価も元どおりになってしまう可能性がある。

賢明な読者はお気付きであろうが、本書で取り上げた「円高」や「デフレ」「失業率の悪化」「国の借金」などの問題は、突き詰めれば、すべてひとつの原因によって起こっている。すなわち、日銀による金融政策の失敗だ。

日銀が大胆かつタイムリーな金融緩和を行い、デフレを適度なインフレに誘導していれ

おわりに

ば、本書で解説した問題の大部分は解決されていたはずなのである。

その意味でも、「アベノミクス」の3本の矢(金融緩和・財政出動・成長戦略)のなかで、もっとも注目すべきなのは金融緩和の行方だ。

財政出動や成長戦略は、対象となる産業や経済効果が明示されるので国民もイメージしやすいが、金融緩和は、抽象的であるせいか理解されにくいところがある。だからこそ、安倍首相以前の政治家たちは、民意にウケのよい財政出動や成長戦略を強く打ち出してきたのである。

本文でも解説したように、経済再生を本気で実現しようとするのなら、金融緩和に積極的に取り組む以外に方法はない。そのことを理解している安倍首相が政策をいかに実行していくのか、今後の動きには大いに注目したいと考えている。

経済を中心とした主な出来事

年	首相	日銀総裁	出来事
1970	佐藤栄作	佐々木直	大阪万博開催 ←いざなぎ景気
1971			ニクソン・ショック 円切り上げ
1972	田中角栄		札幌オリンピック 沖縄返還 日中国交正常化
1973			変動為替相場制に移行 第四次中東戦争勃発 第一次オイルショック ←日本列島改造ブーム→
1974	三木武夫	森永貞一郎	
1975			ベトナム戦争終結
1976	福田赳夫		
1977			
1978	大平正芳		
1979		前川春雄	イラン革命発生 第二次オイルショック
1980	鈴木善幸		
1981			
1982			
1983			

年	首相	日銀総裁	出来事
1997	橋本龍太郎	松下康雄	山一證券が破綻 北海道拓殖銀行が破綻
1998	小渕恵三	速水優	長銀に公的資金投入 長銀が破綻 長野オリンピック 日本債券信用銀行が破綻
1999			ゼロ金利政策導入 地域振興券交付
2000	森喜朗		リップルウッドが長銀を買収 ゼロ金利政策解除
2001	小泉純一郎		ゼロ金利政策再導入 アメリカ同時多発テロ発生
2002			日韓共催サッカーワールドカップ いざなみ景気→
2003		福井俊彦	イラク戦争勃発
2004			新生銀行(元・長銀)が東証一部上場
2005			道路公団廃止 郵政民営化関連法案成立
2006	安倍晋三		ライブドア・ショック TPP原加盟国4ヵ国で発効 量的緩和解除

付録｜経済年表

年	首相	日銀総裁	出来事
1984	中曽根康弘		
1985	中曽根康弘	澄田 智	プラザ合意
1986	中曽根康弘	澄田 智	
1987	竹下 登	澄田 智	JR各社発足／ブラック・マンデー
1988	竹下 登	澄田 智	
1989	宇野宗佑	澄田 智	消費税導入
1990	海部俊樹	三重野康	湾岸戦争勃発
1991	海部俊樹	三重野康	湾岸戦争終結／ソ連崩壊
1992	宮澤喜一	三重野康	冷戦終結
1993	細川護熙	三重野康	
1994	羽田 孜／村山富市	松下康雄	
1995	村山富市	松下康雄	阪神淡路大震災発生
1996	村山富市／橋本龍太郎	松下康雄	金融ビッグバン始まる
1997	橋本龍太郎	松下康雄	地方消費税導入、消費税率引き上げ／アジア通貨危機発生

←バブル景気→

年	首相	日銀総裁	出来事
2007	福田康夫		サブプライムローン問題が発覚／改正国家公務員法成立／日本郵政グループ発足
2008	麻生太郎	白川方明	リーマン・ブラザーズ破綻／年越し派遣村設置／定額給付金給付／エコカー減税開始／家電エコポイント交換開始
2009	鳩山由紀夫	白川方明	ギリシャの財政赤字隠匿が判明／TPPに米が参加、拡大交渉開始
2010	菅 直人	白川方明	高速道路無料化実験開始／日本振興銀行が破綻、ペイオフ発動
2011	菅 直人	白川方明	東日本大震災発生／高速道路無料化実験凍結
2012	野田佳彦	白川方明	家電エコポイント交換終了／「社会保障と税の一体改革」関連法成立／復興財源確保法公布

【著者紹介】
高橋洋一
1955年、東京生まれ。東京大学理学部数学科・経済学部経済学科卒業。博士（政策研究）。1980年、大蔵省（現・財務省）入省。理財局資金企画室長、プリンストン大学客員研究員、内閣参事官などを歴任。2007年、特別会計の埋蔵金を暴露して脚光を浴びる。現在、嘉悦大学ビジネス創造学部、同大学院ビジネス創造研究科教授。主な著書に『財投改革の経済学』（東洋経済新報社）、『さらば財務省！』（講談社）ほか多数。近著に『日本経済の真相』（中経出版）、『日本人が知らされていない「お金」の真実』（青春出版社）など。

経済復活
金融政策の失敗から学ぶ

2013年3月10日 初版第1刷発行

【著者】
高橋 洋一

【企画・編集制作】
渡辺 賢一
オフィス三銃士

【デザイン】
黒川 幸子

【発行者】
瓜谷 綱延

【発行所】
株式会社文芸社
〒160-0022 東京都新宿区新宿 1-10-1
電話 03-5369-3060（編集）
03-5369-2299（販売）

【印刷所】
日経印刷株式会社

ISBN 978-4-286-13749-0